현대의
법과 법학

| 김유미, 남하균, 도회근, 배미란, 오문완, 유영일, 이정훈 공저 |

UUP

현대의 법과 법학

- 2025년 9월 1일 3판 **3쇄 발행**
- 2021년 2월 28일 3판 **1쇄 발행**
- 2018년 9월 3일 2판 **3쇄 발행**
- 2014년 3월 7일 2판 **1쇄 발행**
- 2012년 3월 7일 **초판 4쇄 발행**
- 2007년 8월 24일 **초판 1쇄 발행**
- **지은이** 김유미, 남하균, 도회근, 배미란, 오문완, 유영일, 이정훈 지음
- **펴낸이** 오연천
- **펴낸곳** UUP(울산대학교출판부) 680-749 울산광역시 남구 대학로 93(무거동) 울산대학교 출판부
- 전화 (052)259-2488 팩스 (052)277-3011 ▪ **홈페이지** http://uup.ulsan.ac.kr
- **출판등록** 제370-1996-000001호(1996.3.13)
- ₩ 13,000

ISBN 978.89.7868.986.1 (03360)

책머리에(제3판)

개정판이 나온 지 7년이 지났다. 제3판에서는 그 간의 주요 법률 개정 내용을 반영하고, 일부 용어를 쉬운 우리말로 수정하였다. 한자도 꼭 필요한 경우를 제외하고는 모두 삭제하였다.

"누구도 법 위에 있지 않다." 낸시 펠로시 미국 하원의장이 트럼프 대통령 탄핵안을 의회에 제출하면서 한 말이다. 민주국가에서 채택하고 있는 법치주의 아래에서 지극히 당연한 이 말이 오늘날 크게 와 닿는 것은, 그만큼 민주주의라는 제도가 취약하다는 반증이다. 막강한 권한을 가진 대통령 개인의 일탈로 민주주의는 언제든지 위기를 맞을 수 있다. 헌법상 3권분립이 명확히 확립되어 국가권력 간에 견제와 균형이 잘 이루어지고 있다는 미국에서조차, 우리는 선출된 권력에 의해 민주주의가 합법적으로 전복될 수도 있다는 사실을 보았다. 전임 대통령들이 임기 후에는 예외 없이 불행한 최후를 맞이하는 우리나라 정치 현실에서, 민주주의 실현을 위하여 법치주의와 국가권력 간의 견제와 균형이 얼마나 중요한지 깨닫게 된다.

이 책은 교양과정에서 법학을 처음 접하는 대학생들에게 법의 기본원리와 실정법의 주요 내용을 알기 쉽게 이해시킬 목적으로 만든 것이다. 무엇보다 중요한 것은 법의 기본원리이다. 실정법의 내용은 계속 바뀌기 때문에, 우리는 학생들이 이 책을 통해서 실정법의 자세한 내용까지 알 것을 원하지 않는다. 법의 이념으로서의 정의와 민주주의, 그리고 "누구도 법 위에 있지 않다."는 엄숙한 법치주의 원리를 마음 속 깊이 새길 수 있기를 바랄 뿐이다.

인류가 코로나-19 사태로 신음하고 있다. 언제나 그랬듯 인류는 이를 극복하고, 역사는 계속 발전해 나갈 것이다. 코로나-19 사태 이후 일상화된 비대면 거래로 법학에서도 많은 변화가 예상된다. 제3판에는 이러한 변화를 반영하고 싶었으나, 사정상 뒷 날의 과제로 미룰 수밖에 없었다.

제3판에서 공법 분야는 남하균 교수가, 그리고 형사법 분야는 새로 부임한 배미란 교수가 담당을 해주었다. 배교수는 울산대를 졸업하고 일본 큐슈대학 대학원에서 박사학위를 받은 신진학자이다. 이 분들의 참여로 관련 내용이 한층 새롭게 풍성해졌다. 새로 오는 이가 있으면 떠나는 이도 있는 법! 35년간 울산대학교에서 헌법을 연구하고 강의하시던 도회근 교수가 2020년 2월 정년을 맞이하였다. 교수님 앞날에 건강과 행운을 기원한다.

2021년 2월

저자 일동

책머리에(『현대의 법과 법학』 제2판 서문)

『현대의 법과 법학』 제1판을 펴낸지 6년여가 지났다. 우리나라는 참으로 변화가 빠른 나라임을 새삼 느끼게 되는데 법의 세계에서도 마찬가지이다. 제1판 머리말에서도 로스쿨 도입, 호주제 폐지, 국민참여재판제도 도입 등의 법제도 변화를 소개한 바 있는데 그 이후 성년후견제 도입, 국민참여재판의 확대 등이 이루어졌고, 2008년 외환위기 이후 특히 기업·경제법제와 사회보장법제의 변화가 두드러지고 있다. 2012년의 대통령선거과정에서도 경제민주화와 복지의 확대 문제가 중요한 어젠다였던 것을 상기하면 시대의 변화를 감지할 수 있을 것이다. 이처럼 국가의 개인 생활에 대한 개입과 보장의 범위가 매우 확대되고 있는 것이 현재의 추세이다. 최근에는 약 40년 만에 상속법제의 대폭 개편이 논의되고 있다. 배우자의 상속분을 절반 이상으로 보장하고자 하는 이 개정안이 그대로 법제화된다면 상속제도뿐 아니라 이혼, 재혼, 기업의 승계 등 개인과 기업 활동 전반에 획기적인 변화를 가져오게 될 것이지만 이 민법개정안은 아직 국회를 통과하지 않았기 때문에 이 책에는 반영하지 못하였다. 그동안 헌법개정 논의도 무성하였고 이번 제19대 국회에서도 개헌논의를 본격적으로 진행하기로 하였지만 실제로 성사될 수 있을지는 아직 미지수다.

법제도는 끊임없이 변화하고 있기 때문에 이 모든 변화를 고려하여 개정판을 준비할 수 없어서 아쉬운 대로 몇 가지 중요한 변화를 반영하고 새로운 이론을 소개하는 개정판을 내기로 하였다. 이번에는 법철학과 법제사를 전공한 이정훈 교수가 합류하여 법의 개념과 이념에 관하여 깊이 있는 내용을 소개하였다.

법과 법학의 기본적인 내용을 가능한 한 쉽게 설명하려고 하였지만 여전히 부족한 부분이 많은 것 같다. 독자 여러분의 적극적인 관심과 편달을 바란다.

2014년 1월

저자 일동

책머리에(『현대법의 이해』 제1판 서문)

법학이라는 학문은 법을 처음 대하는 사람들에게 우호적이지 않다. 법학의 첫머리부터 법의 개념, 법률행위, 권리능력, 행위능력, 범죄론, 형벌론 등 조금은 엄숙하면서도 생경한 추상명사들로 덮여 있어 모처럼 결심하고 법학에 달려드는 학생들을 주눅 들게 하기가 일쑤다. 필자들도 법학을 처음 접하던 대학 새내기 시절에 그러한 경험들을 가지고 있다. 그런 학생들 가운데서 사법시험에 합격하여 판검사 변호사가 되기도 하고 대학교수가 되어 법학을 가르치는 사람이 되기도 하였다. 법과대학생 시절에는 법과대학을 졸업한 후에 법학을 가르칠 기회가 있으면 쉽게 법학을 가르치도록 해야 하겠다고 이야기들을 하였지만 막상 법학교수가 된 지금에도 여전히 법학을 쉽게 가르치지 못하고 있다.

법학은 고등학교를 갓 졸업하여 세상물정을 잘 모르는 학생들에 비해 사회생활을 하고 난 이후, 즉 사회에서 실제로 법생활을 경험하고 사회가 어떻게 돌아가는가에 대한 감을 알고 있는 사람들이 훨씬 이해하기 쉽게 되어 있는 지극히 현실적인 학문이다. 몸으로 익힌 법이 머리로 익힌 법보다 더 효과적일 때가 많은 것이다.

그런 점들을 염두에 두면서 우리 학생들이 법학을 좀더 쉽게 이해할 수 있도록 하는 방법을 찾아보자고 하다가 결국 우리가 책을 써보자는 결론에 도달하게 되었다. 그 동안 울산대학교에서 법학을 가르치면서 각자가 체득한 바를 우리 학생들에게 맞도록 책으로 담아내자는 데 쉽게 합의가 이루어져 이렇게 한 권의 책으로 내게 되었다. 법을 처음 공부하는 학생들을 위한 교재는 수없이 많지만 마땅히 추천할만한 책이 없었던 것도 책을 쓰게 된 이유일 것이다. 그러나 과연 우리의 시도가 또 하나의 그렇고 그런 책으로 끝나지 않았는가 하는 두려움도 한구석에는 여전히 남아 있다.

이 책은 가능한 한 우리가 익히 알고 있는 사례를 많이 제시하여 법과 현실과의 거리를 좁혀보려 하였다. 그러므로 공부하는 동안에 우리 주변에 실제 일어나고 있는 사례들을 놓고 토론하면서 공부하면 법과 법학을 이해하는데 좀더 도움이 될 것이다. 이 책은 여러 사람이 함께 쓴 책이기 때문에 각 단원별로 필자들의 개성이 강하게 드러날 수도 있다. 독자들은 그런 차이가 필자들의 개성이자 관심방향이며 각자의 강의 스타일이라고 생각하고 읽으면 또 다른 재미를 느낄 수 있을 것이다.

우리는 이 책을 통하여 법학이라는 학문이 딱딱하고 무미건조한 학문이 아니라 재미있는 학문이 될 수도 있다는 사실을 전달하고 싶었다. 앞으로도 기회가 있을 때마다 미진한 부분을 보완하여 독자 여러분들이 더 쉽고 재미있게 법학에 다가설 수 있도록 할 것을 약속하며 여러분의 적극적인 관심을 기대한다.

2000년 3월

저자 일동

목 차

제13장 범죄와 형벌

제14장 권리에 대한 법적 보호

제15장 법치주의와 법의 준수

제1장
법과 법학

1. 사람은 법 없이 살 수 있는가?

"법 없이도 살 사람"이라는 말이 있다. 좋은 사람을 가리킬 때 쓰는 말이다. 이 말 속에는 법이란 어딘지 모르게 부정적인 것이란 의미를 가지고 있는 것처럼 생각된다. 사람들이 무엇 때문에 다투다가 "법대로 해!"하는 말을 꺼내면 인정머리 없는 사람으로 여겨지기 십상이다. 이처럼 우리나라 사람들은 대체로 '법'이란 개념을 썩 좋은 뜻으로 사용하지는 않는 것 같다.

법 없이 살 수 있는 사람이 있을까?

동서양을 막론하고 인간 사회의 초기에 사용되던 법전들의 내용을 살펴보면 상당히 엄격한 처벌을 규정하고 있는 경우가 많다. 세계에서 가장 오래된 법으로 알려져 있는 고대 중동지방의 우르 남무Ur-Nammu법전(B.C. 2050년경)과 에쉬눈나Eshnunna법전(B.C. 1920년경), 리핏 이쉬타르Lipit Ishtar법전(B.C. 1860년경, 이상 고대 수메

르왕조)이나 함무라비Hammurabi법전(B.C. 1700년경, 고대 바빌로니아왕조)의 내용을 보면 다양한 내용들이 규정되어 있지만 범죄에 대한 엄격한 처벌규정이 주종을 이루고 있다.

특히 함무라비법전에 규정된 "눈에는 눈, 이에는 이"라는 동해보복형(同害報復刑)은 가해상태 이상의 보복을 금지한 당시의 정의관을 담고 있는 규정이지만 역시 엄격한 형벌에 대한 내용이라고 할 수 있다. 우리나라에서도 고조선에서 제정하여 시행하였다는 8조법금 중 현재까지 알려져 있는 것은 역시 형벌조항이 많다. 이처럼 고대사회의 법이란 주로 국가가 국민을 통제하고 국민에 대하여 벌을 주는 근거로 인식되었으므로 법이란 무서운 것이고 법을 어기는 행위는 국가나 사회질서를 어기는 나쁜 행위로 인식되었다. 실제로 법사상 중에는 이러한 법인식을 바탕으로 전개된 것들이 있다. 예를 들면 무정부주의나 마르크스주의, 자유방임주의(laissez faire)의 법사상은 법의 존재를 자유로운 인간을 억압하는 것 또는 인간을 착취하는 것으로 보고 법이란 사라져야 할 대상이라고 주장하였다. 동양에서도 고대 중국의 성선설 또는 공자, 맹자 등의 유교사상은 법으로 나라를 다스리는 것보다 덕으로 다스리는 것이 더 나은 것이라고 가르쳤다.

고대 사회의 법개념이 이렇듯 법에 관하여 다소 부정적이거나 통치의 보조수단 정도로 여겨진데 반하여 국가가 점차 강력하고 안정적인 조직으로 발전되어 감에 따라 법에 관한 긍정적 적극적인 사상과 이론이 정립되었다. 오늘날의 다양하고 복잡한 법사상과 이론들은 이와 같이 법의 긍정적인 측면을 강조하여 이론을 전개하고 있다.

중세 이전까지 법의 내용이 주로 처벌을 규정하고 있는 형법 중심이었던 시대에는 대체로 사람들이 나쁜 짓만 하지 않으면 법에 의한 불이익이나 처벌을 받지 않고 살 수 있었다. '법 없이 살 사람'이란 말은 이런 법환경 속에서 나온 말이다. 그러나 오늘날의 민주적 법치사회에서는 사람들의 거의 모든 행위가 법에 의해 관리되고 통제된다. 쉽게 말해서 요람에서 무덤까지, 아니 잉태되는 순간부터 사망 이후 상당기간까지 법의 적용을 받게 된다. 절해고도에서나 심신산골에서 다른 사람들과 아무 접촉 없이 살 수 있는 사람이 있다면 모르거니와 (사실 이런 경우에도 국가의 관리대상이 아닌 경우는 없다) 일반적으로 다른 사람들과 어울려 살아가려면 나 혼자만 착하게 산다고 국가법과 무관하게 살 수 있는 것은 아니다. 태어나고 죽고 매장할 때 출생신고, 사망신고, 매장신고 등 행정법규의 적용을 받을 뿐 아니라 나이가 되면 교육법에 따라 의무적으로 학교에 가서 공부해야 하고 남자의 경우 병역법에 따라 신체검사를 받고 군대에 가야한다. 결혼을 하고 취직을 하고 자녀를 낳고 살아가려면 민법, 노동법 등의 규정에 따라야 하며, 집을 지으려 해도 건축법에 의한 허가를 받아야 하고 생활을 하기 위해 많은 물건들을 만들고 팔고 사고 소비해야 하는데 이 모든 과정을 관리 통제하는 민법, 상법, 경제법 등의 법에 따라야 한다. 어쩌다 병에 걸리거나 사고로 신체나 재산에 손해가 발생하면 관련 의료·보험·손해배상 관련 법규에 따라 치료, 보상, 배상을 받게 된다. 한 마디로 법을 따르지 않으면 먹고 살 수가 없다. 과거에는 남에게 폐를 끼치지 않고 착하게만 살면 법의 문제가 거의 발생하지 않을 수 있었지만 이제는 법이 없으면 아무 것도 할 수 없는 사회가 되었다는 말이다. 그리고 이 추세는 세월이 갈수록 점점 확대되고 있다. 오늘날과 같이 복잡하고 다양한 세상에서 질서를 잡아주고

약한 자를 보호하자면 결국 법에 의존할 수밖에 없다. 단언하건대 오늘날 법 없이 살 수 있는 사람은 없다.

2. "사회 있는 곳에 법이 있다."

"Ubi societas, ibi ius." "사회가 있는 곳에 법이 있다"는 말이다. 사람들이 모여 사는 곳에서 법은 자연적으로 생겨난다는 말로써 법의 필요불가결성을 나타내는 법언이다. 이를 잘 보여주는 예로써 흔히 다니엘 디포(Daniel Defoe, 1660 ~ 1731)의 소설 '로빈슨 크루소'(Robinson Crusoe)를 든다. 로빈슨 크루소가 무인도에 표류하여 혼자 살 때에는 법이 아무 필요가 없었다. 그러다가 토인 프라이데이를 구해주고 같이 살게 된 이후에는 둘 사이에 삶의 규칙이 생겼다. 법이 발생한 것이다. 이처럼 사람들이 모여서 사회를 이루어 살게 되면 사람들 사이에 지켜야 할 규칙들이 발생하게 되는데 이것이 법이 되는 것이다.

법사상들 중에서도 사람의 본성을 악하게 보는 사상들은 대체로 법의 필요성을 강조한다. 고대 중국의 성악설이나 법가(상앙, BC? ~ 338, 한비자, BC? ~ 233, 이사, BC? ~ 210 등) 사상은 엄한 법으로 국가질서를 다스려야 한다고 생각하였다. 서양에서도 사정은 비슷하였다. 기독교 교부 아우구스티누스(Augustinus, 354 ~ 430)는 인간의 죄많은 본성을 억제하기 위해 법이 필요하다고 하였고, 보댕(Jean Bodin, 1530 ~ 1596), 홉스(Thomas Hobbes, 1588 ~ 1679), 흄(David Hume, 1711 ~ 1776) 등의 사상가들도 인간의 악충동을 억제하기 위하여 법이 필요하다고 하였다. 아마도 중세의 대사상가 토마스 아퀴나스(Thomas Aquinas, 1224 ~ 1274)가 근대적인 법사상을 제시하여 법의 필요성을 제기한 최초의 학자였다고 할 수 있을 것이다. 그는 비록 사회질서 파괴의 방지를 위한 법의 소극적 기능을 더 강조하기는 했지만, 인간의 악충동을 억제하고, 정의와 복지라는 인간의 선한 성격이 추구하는 요소를 증진하기 위하여도 법이 필요하다는 소극적 적극적 요소를 종합적으로 제시하였다.

오늘날의 사회는 여러 가지 현실적인 목적을 위하여 법의 필요성을 인정하고 있다. 예컨대 사회의 질서유지, 분쟁의 해결, 권리와 이익의 보호, 사회개량, 기타 국가목표의 실현 등이 그런 것들이다. 이와 같이 법의 사회적 효용 또는 역할을 학자들은 '법의 기능'이라고 하여 설명하고 있다.

현실적으로 법이 사회 속에서 수행하는 기능과는 달리 이념적으로 법이 추구하는 가치 또는 목적을 법학에서는 '법의 이념(목적)'이라고 하는데 이에 대하여는 이 책의 제6장에서 따로 설명하기로 하고 여기서는 절을 달리 하여 법의 기능만을 설명한다.

3. 법의 기능

한 사회에서 법이 어떠한 기능을 하는가에 대해서는 크게 두 가지 입장이 대립되고 있다. 법이 갈등해결과 사회통합을 수행하는 중립적 지위를 갖는 것으로 보는 입장이 있고('기능주의'), 반대로 법은 갈등을 야기하고 심화하는 권력의 도구라고 보는 입장이 있다('갈등이론'). 이러한 대립적 이해는 법이 진정 사회적 합의에 기초하여 만들어졌는가, 아니면 법은 지배계급 또는 지배권력의 이익을 증진하기 위한 도구에 불과한 것인가 하는 문제와 관련해서도 반복된다. 법의 계급성과 중립성과 관련된 매우 어려운 이 주제는 '법사회학' 강의시간으로 미루고, 여기서는 일반적으로 학자들이 이야기하는 법의 기능에 대하여 간략히 살펴보기로 한다.

미국의 파운드(Roscoe Pound, 1870 ~ 1964) 같은 이는 법이 사회속에서 갈등하는 이해관계의 균형을 맞추어 줌으로써 사회적 응집과 질서있는 사회변동을 보장하는 기능을 한다고 하였다. 이를 법의 사회통합(social integration)기능이라고 한다.

르웰린(Karl Llewellyn, 1893 ~ 1962)은 분쟁의 처리, 예방적 유도와 재교육, 권위의 배분, 집단내 활동의 조직과 조화 등 네 가지를 법의 기능으로 들었다. 분쟁 해결 기능과 권위 또는 가치의 배분 기능은 다른 많은 학자들도 들고 있는 대표적인 법의 기능들이다.

많은 학자들이 들고 있는 법의 기능으로 중요한 것은 법의 사회통제(social control)기능이다. 사회통제라 함은 개인이나 집단이 사회의 기대에 일치하는 행동을 하도록 영향을 주는 과정을 말하는데, 법이 이러한 사회통제의 수단 중 대표적인 것이라는 것이다.

이와 같은 법의 기능 이외에 마르크스주의자들은 법이 계급지배의 도구로서의 기능을 가지고 있다고 한다. 마르크스와 엥겔스는 「공산당선언」과 「사유재산, 가족, 국가의 기원」 등에서 명백히 국가를 지배계급의 '도구'로 파악하였고, 이는 법에 대해서도 마찬가지였다. 마르크스주의자가 아니더라도 한 사회의 법에 지배계급의 의사와 이해가 반영되고, 이를 위해 법이 봉사하는 측면이 있다는 데 수긍한다. 한국 현대사에서 보더라도 법은 권력의 부당한 행사를 정당화하거나 특정집단의 이익을 부당하게 보호하기도 하고 사회개혁을 봉쇄하기도 하였던 것이 사실이기 때문이다. 그러나 그렇다고 하여 법을 순전히 계급지배의 도구로만 이해하는 데는 문제가 있다. 이에 관하여 토론해 보기 바란다.

4. 법학(Jurisprudence)의 발전

법은 아주 오랜 고대사회에서도 존재하였음은 앞에서 말한 바와 같이 우르 남무법전이나 함무라비법전, 단군의 8조법금 등을 통하여 알 수 있다. 성경에도 기원전 15세기경에 성립되어 고대 이스라엘에서 지키던 율법에 대하여 상세히 기술되어 있다. 이와 같이 법은 아주 오래 전부터 존재하여 왔다. 그런데 이 법을 학문의 대상으로 연구하는 '법학'은 그보다 한참 후에 발전되었다.

고대 그리스의 아리스토텔레스(Aristoteles)의 저작 중에 '법률론'이라는 것이 있는데 법에 관한 이론을 전개한 글이므로 일종의 법학이론이라고 할 수 있다. 그러나 그 당시에는 아직 독자적인 법학이라는 학문은 존재하지 않았다. 소크라테스(Socrates), 플라톤(Platon), 아리스토텔레스 등이 활동하던 고대 그리스 시대에는 학문이 분화되지 않아서 모든 학문은 철학(Philosophy)이라고만 불리었다.

법학이 종합학문인 철학에서 독립하여 독자적으로 발전하기 시작한 것은 고대 로마시대부터였다. 로마에서는 이른바 로마법이라고 하여 법이 크게 융성하였다. 이 시기에 법은 매우 복잡화 세분화되었고 유명한 학자들이 나타나 깊이 있는 이론을 발달시켰다. 기원전 6세기경부터 로마법이 발전하기 시작하여 기원전 1세기경에는 로마법이 전성기에 도달하였던 것이다. 이 로마법의 융성은 그 후 로마가 멸망하기까지 6~700년 동안 지속되어서 많은 이론과 학설들이 나왔다.

우리나라에서는 통일신라 시대(7세기경)에 율학박사, 율학조교라는 명칭들이 나오는 것으로 보아 그 시대에 법학의 존재를 추정할 수 있다. 그러나 중국을 중심으로 한 동양의 학문전통은 고대 그리스처럼 학문이 분화되지 않고 문학, 역사, 철학을 하나로 통합한 학문개념을 가지고 있었는데 이 전통은 근대 서양학문이 소개될 때까지 오래 지속되었다. 통일신라 시대도 중국 학문의 영향 아래 있었다고 볼 수 있으므로 율학박사 같은 직명이 있었다고 하여 학문으로서의 법학이 독자적으로 발전하였다고 할 수는 없을 것이다.

로마 이후 한동안 정체되었던 법학은 11세기에 들어 대학의 설립과 더불어 다시 융성의 계기를 마련하게 된다. 11세기 말경부터 유럽의 영국, 프랑스, 이태리 등지에서는 대학이라는 제도가 나타났는데 그 중에서 가장 먼저 나타난 곳이 이태리 북부의 볼로냐(Bologna)였다(1088년). 볼로냐대학은 이를테면 서양 최초의 대학인 셈인데 이 대학에서는 당시 그 지역에서 유행하였던 로마법을 연구하고 가르쳤다. 서양 최초의 대학은 법과대학으로 출발하였던 것이다. 조금 후에 이태리 남부 살레르노(Salerno)지역에서는 의과대학들이 세워졌고 이태리 지역에서 양성된 학자와 학문이 전 유럽에 전파되어 각지에 대학들이 세워지고 발전하기 시작하였다. 그러나 그 당시 대학에서도 종합학문인 철학을 제외하고 독자성을 가지고 있었던 학문은 법학, 의학, 신학 정도뿐이었다.

반면에 동양에서는 주자학의 영향으로 법학이나 수학, 경제학 같은 실용학문은 문학, 역사, 철학 같은 학문에 비하여 수준 낮은 것으로 취급되었을 뿐 아니라 발전도 매우 더디었다.

요컨대 법학은 의학, 신학 등과 함께 철학이라는 종합학문으로부터 가장 먼저 독립한 학문 중 하나이며, 서양세계 최초의 대학은 법과대학이었다. 이처럼 법학은 매우 오랜 역사를 가지고 있는 학문이어서 그 이론이 매우 다양하고 정치하게 구성되어 있다.

5. 법학의 특성

법학은 어떠한 특성을 가지고 있고 다른 학문과는 어떠한 관계를 가지고 있는가?

독일의 검사이자 법학자였던 키르히만(Julius. H. von Kirchmann, 1802 ~ 1884)은 "입법자가 세 마디만 수정하면 도서관의 모든 법서는 휴지가 된다"(「법학의 학문적 무가치성」 Über die Wertlosigkeit der Jurisprudenz als Wissenschaft, 1847)고 주장한 바 있다. 어떤 사정에 의하여 법이 개정되면 그 전의 법은 모두 쓰레기가 되므로 그와 같이 정치에 좌우되고 영속성도 없이 법률조문을 해석하고 설명하기만 하는 법학이란 학문은 학문적으로 가치가 없다고 생각하였던 것이다. 법학의 성격을 법조문해석으로만 이해한다면 키르히만의 말은 타당성이 있는 말인 것같이 보인다. 그러나 법학은 법조문의 해석에 그치는 것이 아니라 법의 제정배경, 역사, 법체계간의 상호관계, 법의 효력관계 등 무수히 많은 것을 따지기 때문에 키르히만의 말은 법의 내용이 정치가(입법자)의 입김에 지나치게 의존하는 상황에 대한 비판을 강조한 것이지 법학의 학문성을 진정 폄하한 것은 아니라고 보아야 한다.

키르히만의 말에서도 드러나듯이 법학은 법조문의 내용에 1차적인 관심이 있다. 우리나라 헌법 제1조 제1항은 "대한민국은 민주공화국이다"라고 규정되어 있는데 법학자들은 이 규정에서 '민주'란 무슨 뜻이며, '공화국'이란 무슨 뜻이냐 하는 것에 대하여 열심히 연구한다. 이와 같은 것을 법해석학이라고 하는데 법조문의 의미와 내용을 명확히 밝혀내는 작업이다. 고대 로마 시대 이래로 법학은 이와 같은 법해석학이 주류를 이루어왔다. 주어진 법조문을 토대로 그 의미와 내용, 다른 법조문과의 상호관계를 논리적 체계적으로 밝혀내는 일을 주된 학문적 작업으로 여겨 왔던 것이다.

이처럼 전통적인 법학은 법전 속에 있는 법조문을 주된 연구대상으로 삼고 살아 숨쉬며 그때그때 사회 속에서 반응하는 인간 그 자체에 관하여는 별로 관심이 없었기 때문에 '개념법학'이라는 비판을 받았다. 근대 이후 이 개념법학을 극복하기 위하여 다양한 시도들이 나와 법학의 범주를 확장하고 법학을 풍부하게 하였지만 여전히 법해석학이 법학의 중심을 차지하고 있는 것은 오늘날에도 사실이라고 할 수 있다.

그러면 이와 같은 법학은 다른 학문과 어떻게 다르며 어떤 관계를 맺고 있는가를 살펴보기로 하자.

학문을 분류하는 방법은 여러 가지가 있어 일률적으로 말할 수는 없다. 그러나 대체로 사회과학, 인문학, 자연과학 등의 순수학문과, 공학과 같은 응용학문, 의학과 법학 같은 전문직업적인 학문, 음악학 미술학 같은 예술학문 등으로 구분하는 것은 가능할 것 같다. 법학의 경우 자연과학, 인문학, 의학, 공학, 예술 등과는 비교적 다르다는 것을 쉽게 알 수 있으나 사회과학과는 어떻게 구별될 수 있는가에 관하여는 약간 어려움이 따른다.

사회과학에는 정치학, 경제학, 사회학, 인류학, 사회복지학, 언론학 등이 포함된다. 사회과학이란 사회 속에서 인간의 행동, 인간과 사회의 상호관계, 사회의 구조와 조직 등을 연구대상으로 하여 있는 그대로의 현상을 기술(describe)하고 그 원인과 상관관계를 설명(explain)하려는 것을 목적으로 하는 학문이다. 그러나 법학은 위에서 설명하였듯이 법현상을 기술하고 설명하려는데 목적이 있는 것이 아니라 법조문의 의미와 내용을 밝혀내려는데 1차적인 목적이 있고 그를 통하여 궁극적으로는 현실세계에서 일어나고 있는 문제(법적 분쟁)를 해결하려는데 목적이 있다. 또 사회과학은 실험, 관찰, 조사 등 경험적 방법을 연구방법으로 사용하는데 반하여, 법학은 논리적 체계적 추리를 연구방법으로 사용한다. 역사적으로 보아도 법학은 고대 로마시대에 이미 독자적인 학문으로 발전하였음에 비해 사회과학은 17~8세기, 즉 근대에 접어들면서 비로소 독자적인 학문영역으로 인정되기 시작하였다.

그러면 행정학, 경영학 같은 학문과 법학은 또 어떻게 구별되는가? 행정학이나 경영학은 국가행정이나 기업의 경영을 어떻게 하면 더 효율적으로 잘 할 수 있는가를 연구하는 학문이다. 일반 사회과학은 사회현상을 '있는 그대로' 기술하고 설명하는 데 1차적인 목적이 있는데 반하여, 행정학이나 경영학은 사회과학 등에서 발견된 명제들을 토대로 하여 이를 국가나 기업의 경영에 적용함으로써 '더 좋은 상태로' 만들어 가고자 하는데 목적이 있다. 자연과학의 지식을 인간에게 유익하도록 응용하는 학문이 공학인 것처럼, 사회과학의 지식을 유익하게 응용한 학문이 행정학과 경영학이라고 생각하면 크게 틀림이 없다. 행정학과 경영학은 대상에 있어서 국가나 기업의 인사, 조직, 재무 등과 같은 데 한정되기는 하지만 사회과학과 기본적으로 같으며, 연구방법 또한 실험이나 관찰, 조사 등을 사용함으로써 사회과학과 동일하다. 다만 목적에 있어서 있는 그대로의 행정현상 또는 기업의 현상을 기술하고 설명하는데 그치지 아니하고 더 나은 행정과 경영상태, 즉 국가행정을 더 효율적이고 민주적으로 발전시키고 기업을 합리적으로 운영함으로써 더 많은 이윤을 남기는 데 궁극적인 목적이 있다는 점에서 사회과학과 약간의 차이를 보일 뿐이다.

이와 같이 법학은 사회과학, 행정학, 경영학들과 연구의 대상, 방법, 목적에 있어 거의 명확히 구별된다. 그러나 법현상도 인간과 사회현상 중의 하나이기 때문에 법학을 종종 넓은 의미의 사회과학에 포함시키는 경우가 있다. 물론 법현상을 사회과학적인 방법으로 연구하는 학문이 있는 것은 사실이다. 예를 들어 법과 사회간의 상호관계, 법과 경제와의 관계를 사회과학적으로 연구하는 법사회학, 법경제학 같은 학문이 있는데 이러한 학문을 법과대학이나 법학과에서 가르치기는 하지만 그것은 법에 관한 사회학, 법에 관한 경제학으로서 본질적으로 사회학, 경제학의 일부이지 엄격히 말하여 법학은 아니다. 그러면 법학을 사회과학의 일부로 보는 것은 어떤 의미에서인가? 법은 사회라는 틀 안에서 성립, 유지되고 정치, 경제 등의 분야와 마찬가지로 사회를 구성하는 필수불가결의 요소임이 분명하므로 사회과학의 시각에서 법을 연구할 수가 있는 것이다. 법조문의 의미와 내용을 해석할 때 논리적 추론에만 의존하지 아니하고 사회과학적 방법론을 이용하여 해석해 낼 수 있으며, 법학이 전통적인 법해석학에 그치지 아니하고 나아가 현행법의 문제점을 지적하고 대안을 제시하고자 하는 경우(이른바 입법학)에 역시 사회과학의 방법론을 따르는 경우가 많고 또 바람직하기도 하다. 이와 같이 현대의 법학이 전통적인 법학의 테두리를 넘어서 법학의 범위가 확대되고 법학이 사회과학과 근접하거나 사회과학의 방법론을 차용하고 사회과학과 상호 영향을 주고 받는 경향이 생기면서 법학을 넓은 의미의 사회과학으로도 인식할 수 있게 된 것이다.

고대 로마시대 이래 발전해온 전통적인 법학은 사회과학과 구별되는 학문이지만 현대의 법학은 사회과학의 영역에까지 그 범위를 확대하였다고 요약할 수 있겠다.

6. 법학의 효용

법학을 독일에서는 Brotwissenschaft, 즉 '빵을 위한 학문'이라고 한다. 그만큼 법학은 실용적이어서 법학을 공부하면 밥을 굶을 염려는 없다는 것이다. 법학의 효용 또는 법학의 이점 중에 첫 번째로 바로 이 실용성을 들 수 있다. 오늘날 사회는 법에 의하여 조직되고 법이 적용되지 않는 분야는 거의 없다. 그러므로 법학을 배우면 사회를 이해하고 사회에서 생기는 각종 분쟁과 갈등에 관한 해결책을 찾을 수 있기 때문에 법학이 사회생활에 매우 유용한 학문이라는 것이다.

법학을 공부하면 법적 사고(legal mind)를 갖출 수 있다. 법학은 논리적 체계적으로 사고하는 것을 요구하기 때문에 법학공부를 한 사람은 자연적으로 논리적 체계적 사고능력을 갖게 된다. 법학공부를 한 사람이 사회에 진출하면 어떤 일을 하든지 논리적 체계적으로 접근하기 때문에 어떤 문제를 분석하고 해결하는데 유리할 수밖에 없다.

법학을 전공한 사람은 사회진출의 기회가 넓다. 변호사 또는 판사, 검사 등 전문 법조인이 되는 것이 대표적인 길인데 사실 이 길은 법학을 공부한 사람이 할 수 있는 일의 대표적인 것이기는 하지만 전부는 아니고 오히려 일부분에 지나지 않는 것이다. 우리나라는 2009년부터 이른바 로스쿨(법학전문대학원)을 설치하여 이를 졸업하고 일정한 국가시험(변호사시험)에 합격해야만 법률가가 될 수 있도록 하였다. 전문 법률가양성을 위한 교육제도가 해방 60년 만에 미국식으로 바뀐 것이다. 그래서 앞으로 법률가가 되고자 하는 사람은 대학에서 어떤 학문을 전공하든지 상관없이 대학을 졸업한 후 다시 로스쿨에 입학하여 3년을 더 공부하고 변호사시험에 합격하여야 한다.

법학도가 진출할 수 있는 전문 직업분야로 법무사, 노무사, 세무사, 변리사, 공인중개사 등이 있다. 이들 모두 법학과목들을 주요 시험과목으로 하고 있고 실제 이들의 영업활동도 법을 기초로 하고 있다.

모든 직업 분야 중에서 법을 필요로 하지 않는 분야는 없다. 일반 기업이나 금융기관, 공공기관, 자영업, 심지어 벤처기업을 하더라도 복잡한 법률관계를 모르고 하면 큰 낭패를 볼 수 있기 때문에 법에 관한 지식은 어디서나 필요하다. 스포츠와 연예(엔터테인먼트)계에서 일어나는 법적 문제들을 전문으로 다루는 법률가들도 최근에는 많이 생겨나고 있다. 복잡한 거래관계를 다루는 회사일수록 법학의 지식은 필수적이다. 요즈음은 세계적으로 거래관계가 맺어지고 있으므로 국제거래에서의 법률관계가 법조인들의 각광을 받고 있고 우수한 법률가들이 앞다투어 이 분야에 뛰어들고 있다.

법학의 실용성은 국가 공무원 시험에서도 나타난다. 법학이 판사, 검사, 변호사 등 전문법조인을 위한 학문임은 분명하지만 더 나아가 거의 모든 공무원이 되는데도 절대적으로 필요하다. 오늘날 민주국가에서는 법치행정의 원칙이 국가행정을 지배하기 때문에 국가의 사무를 담당하는 공무원들은 반드시 법에 대하여 잘 알고 있어야 한다. 그러므로 대부분의 공무원 시험과목에 법과목이 들어 있는데, 법을 직접 적용하는 부서인 법원이나 검찰직 공무원 시험은 물론이고, 7급, 9급 일반행정직 공무원, 5급 일반행정직 사무관(행정고시), 5급 입법사무관(입법고시) 등 일반 행정공무원 시험 중에서 시험과목에 법학과목의 수가 많이 들어있기 때문에 공무원 시험에 응시하기 위하여는 법학을 공부한 사람이 매우 유리하다. 경찰관 시험에도 형법과 형사소송법은 필수과목이다.

이와 같이 법학은 사회를 이해하고 사회생활을 해 나가는데 있어서 대단히 유용한 학문이므로 법학을 전공으로 하지 않더라도 법학의 기본적인 내용은 반드시 공부해 볼 것을 권하고 싶다.

7. 법학공부의 방법

법학을 처음 공부하는 학생들은 법조문에 쓰여 있는 생경한 법학용어들 앞에서 난감해 하는 경우가 많다. 법학과에 처음 입학하거나 진학한 학생들이 가장 많이 묻는 질문 중의 하나가 법학공부는 어떻게 하는 것이 좋은가 하는 것이다. 결론부터 말하면 법학공부의 왕도는 없다. 개념 하나하나를 차근차근 공부하면서 외울 것은 외우고 이해할 것은 이해하여 나가는 길이 최선의 길이라고 말할 수 있다.

법학은 현실에서 일어나는 모든 사례들을 추상화하여 문자로 법조문에 기록하여 놓고 기록된 법조문의 내용을 다시 자세하게 구체적으로 밝혀내는, 이른바 해석작업을 기초로 한다. 법학교과서를 처음 읽게 되면 추상적인 표현들로 가득히 채워져 있어 이 말들이 우리나라 말이 맞는가조차 불확실하게 마련이다. 법률행위, 사실행위, 법률요건, 권리의 주체와 객체, 구성요건, 조각사유, 위하력 등의 용어들은 법학 전공과정 첫해부터 배우는 민법총칙과 형법총론에서 나오는 용어들인데 대부분의 학생들은 이런 말을 생전 처음 들어볼 것이다. 이 말들은 모두 추상명사로서 그 내용을 관념적으로 이해하지 못하면 아무 소용이 없는 말들이다. 대부분의 법학용어들은 이와 같은 내용으로 전개된다. 따라서 용어의 정의와 내용들을 먼저 익히고 이해하지 못하면 다음 단계로 나아갈 수가 없다. 일상생활에서 잘 쓰지 않는 한자어로 법률용어들이 표현되어 있는 것은 우리나라 법이 식민지 시대 일본으로부터 받아들였기 때문인데, 해방후 70 여년이 지난 지금까지 그대로 사용하고 있기 때문에 생겨난 현상이다. 뜻있는 사람들이 법률용어를 우리말로 바꾸자는 운동을 펼치고 있고 이에 따라 우리나라 정부도 법제처를 중심으로 법령문 표기를 우리말로 쉽게 풀어쓰려는 작업을 벌이고 있다. 이런 작업은 오랜 시간을 필요로 하는 만큼 다음 세대에서나 비교적 쉬운 우리말 표현법이 나올 수 있을지 모르겠다. 그러나 아무리 쉬운 우리말로 바꾸어도 추상적인 법개념들이 쉽게 바뀌지 않는다는 근본적인 문제는 여전히 남아 있다.

그러므로 지금 단계에서 법학을 효과적으로 공부할 수 있는 방법을 이야기하자면 선배들의 경험을 바탕으로 다음과 같은 몇 가지 사항을 말할 수 있을 것 같다.

첫째, 한자공부를 권한다. 법학과 법률용어들은 대부분 한자로 되어 있어 한자를 모르면 우선 법조문조차 읽어낼 수가 없다. 우리나라 법제처는 십수년 전부터 법령을 국민들이 알기 쉽도록 어려운 한자용어의 한글화 사업을 진행하고 있지만 아직도 법률용어의 대다수는 한자용어로 되어 있다. 요즈음의 학생들은 한글세대여서 한자에 비교적 약한데 한자공부를 열심히 하면 법학을 이해하는데 유리할 뿐 아니라 우리말에 대한 조예도 깊어진다는 장점이 있다.

둘째, 법이란 현실세계에서 벌어지는 일을 규정한 것이므로 우리 주변에서 일어나는 현실문제에 관심을 가져야 한다. 법조문은 비록 추상적으로 규정하고 있지만 이는 실제로 우리 앞에서 벌어지고 있는 사실들을 표현한 것이다. 따라서 현실사회에 대하여 깊은 관심을 가지면 가질수록 법조문을 이해하는데 도움이 된다. 그러므로 매스컴에 보도되는 내용이나 우리 주변에서 벌어진 일들을 법적 문제로 연결시키는 습관을 기르고 훈련하면 법학공부에 더욱 흥미를 느낄 수 있다.

셋째, 큰 체계를 염두에 두고 공부하는 습관을 기르는 것이 좋다. 우리나라의 법체계는 기본적으로 성문법을 중심으로 하는 대륙법 체계에 속하기 때문에 법조문의 배열이나 법학의 이론이 조직적 체계적으로 구성되어 있다. 판례법을 중심으로 하는 영미법계는 대륙법계에 비하여 덜 체계적이어서 난삽하게 느껴진다. 그러므로 대륙법계에 속하는 우리나라의 법을 공부할 때에는 큰 틀을 파악하고 그 아래의 구성과 조직, 그 다음의 구성과 조직, 또 다음… 이와 같이 조직체계를 이해하면서 나아가면 무작정 한 단원 한 단원 읽어나가는 것보다 효율적인 경우가 많다. 그래서 과거 고시공부를 하는 학생 중에는 교과서 앞에 나오는 목차를 외우는 학생도 있었다.

넷째, 법학은 개념에서 시작해서 개념으로 끝난다는 말이 있다. 용어의 개념과 정의(definition)를 정확히 이해하고 암기하여야 한다. 개념을 소홀히 하는 법학은 법학이 아니라고 해도 지나치지 않는다.

다섯째, 법이론과 학설을 공부하면서 판례를 반드시 같이 공부하여야 한다. 법학은 현실문제에서 출발하는 학문이다. 학설과 이론도 중요하지만 실제로 법이 구체적으로 적용되는 현장인 법원에서는 어떻게 문제가 해결되고 있는가 하는 것을 정확히 파악하여야 우리가 공부하고 있는 이론이 완성되는 것이다. 현실을 소홀히 하는 학문은 공허하다.

여섯째, 법학이론을 공부할 때 해당 법조문을 반드시 확인하여야 한다. 법전을 옆에 펴놓고 법조문을 확인하는 버릇을 들여야 하는 것이다. 우리가 공부하는 것은 1차적으로 '법'이라는 점을 명심하고 법전을 통하여 해당 법조문을 확인하게 되면 법의 구조와 인접 법조문의 내용까지 두루 읽게 되고 자연스럽게 법에 대한 이해가 넓어지게 된다.

일곱째, 일반적인 공부방법도 도움이 된다. 스터디그룹을 결성하여 공부하는 방법, 예습과 복습을 하는 방법, 서브노트를 활용하는 방법 등 다른 학문을 공부할 때 사용되는 방법들은 법학공부에도 당연히 도움이 된다.

| 토론주제 |

1. 고대사회의 법전인 Ur Nammu법전, Lipit Ishtar법전, 함무라비법전 등의 내용에 대하여 자세히 알아보자.

2. 종교법인 율법과 우리가 현재 사용하는 법의 구별에 관하여 알아보자.

3. 맑스주의의 주장처럼 법을 지배계급의 도구로 보는 견해에는 어떤 문제가 있는지 살펴보자.

4. 우리나라는 법률용어를 쉬운 우리말로 바꾸는 작업을 추진하고 있다. 이는 법률용어 순화사업, 법률한글화사업, 알기 쉬운 법령 만들기 사업 등으로 추진되어 왔는데 이 문제에 대하여 토론하여 보자.

「참고문헌」

김유미 외, 법학방법론 연구, 울산대학교 출판부
법제처, 알기 쉬운 법령 만들기 백서, 법제처
양건, 법사회학, 아르케
한상수, 왜 함무라비 법전을 만들었을까?, 자음과 모음

제2장

법의 개념

1. 법이란 무엇인가?

여러분은 법을 오랜 시간 다루어 온 법조인에게 "법이란 무엇인가?"라는 질문을 던져본 적이 있는가? 이 질문은 전문가들에게도 매우 곤혹스런 질문이 아닐 수 없다. 생물학자에게 생물학이 무엇인지 묻거나 물리학자에게 물리학이 무엇인지 묻는 것과는 다른, 무언가 답변을 주저하게 만드는 곤란함이 느껴진다. 사실 이 질문은 철학사에 등장하는 수많은 철학의 거장들을 괴롭혀 온 질문이기도 하다.

여기서 질문을 하나 던져보자. 할아버지가 손자(손자의 이름은 '울산'이다)를 무척 사랑했다. 그래서 법적으로 완벽한 유언장을 준비했다. 유언장의 내용은 손자에게 모든 유산을 상속하는 것이었다. 이후 할아버지가 젊은 여성과 재혼을 했다. 불안감을 느낀 손자는 할아버지를 독살했다. 여러분이 판사라면, 손자의 상속을 인정하겠는가? 이 사례는 드워킨(Ronald Dworkin, 1931 ~ 2013)이 법의 개념을 설명하기 위해 제시한 것이다.

갑은 손자의 악행을 거론하며 법이 손자의 상속을 금지해야 한다고 주장한다. 을은 합법적인 요건을 구비한 유언장을 의식하고 악행을 저질렀지만, 형사사건과 상속은 별개의 법적 사안이므로 상속은 유효하다고 주장한다. 다시 말해, 손자가 살인죄로 처벌을 받더라도 상속은 가능하다는 것이다. 갑과 을 중 누구의 견해가 타당한가? 쉽지 않은 문제이다.

우리는 흔히 "법은 반드시 지켜져야 한다."라는 주장에 쉽게 동의 한다. 그러나 법철학은 질문을 여기에서 멈추지 않는다. "법은 왜 준수해야 하는가?", 더 나아가 "법이란 무엇인가?"라는 질문을 던지지 않을 수 없다.

이 지점에서 다른 질문을 던져보자. 위의 사례에서 상속에 관한 요건들을 규정한 규칙(rule)은 법이고, "아무도 위법한 행위로 이익을 얻을 수 없다."와 같은 원칙(principle)은 법이 아닌가? 위의 사례에서, 을은 '원칙'은 '법'으로 보지 않고, '규칙'만을 '법'으로 인식했을 가능성이 크다.

예를 들어, '올림픽대로의 제한속도는 100km이다.'라는 규칙이 있다고 가정해 보자. 이 도로에서 101km로 운전한 운전자는 이 규칙을 위반했다. 그러나 99.9km로 운전한 자는 이 규칙을 위반하지 않았다. 이처럼, 법은 100km라는 요건을 충족하는 행위에 대해 제재의 효과를 발생시키는 '규칙'의 형태로 존재한다.

그렇다면 "인간의 동등한 존엄성"과 같은 법의 기본원칙은 법인가? 이 질문에 답하기 위해서 우리는 '법과 도덕'의 문제를 고민해 보지 않을 수 없다. 만약 "최대한 도덕적으로 타당하게 판결하라"

라는 원칙이 법이라면, 판사들은 솔로몬의 재판처럼 굳이 복잡하게 제정된 규칙을 사안에 포섭시킬 필요 없이, 그 때 그 때 사안에 따라 도덕적으로 현명한 판결을 하면 되는가?

물론 법이 도덕과 동일한 것이라는 주장을 하는 법학자는 없다. 법이 아닌 규범들(종교규범, 도덕규범 등)과 다른 법이 갖는 특수한 규범성을 인정하지 않을 수 없다. 법규범이 다른 규범들과 구분된다는 입장에 동의하면서도, 법과 도덕의 관계에 대해 다른 시각을 가질 수 있다.

법과 도덕의 관계에 대해 A는 "법과 도덕은 필연적으로 관계를 맺고 있다."라고 주장한다. B는 "법과 도덕은 분리 된다."라고 주장한다. A의 입장을 '법의 개념'에 대한 자연법론이라고 할 수 있고, B의 입장을 법실증주의라고 분류할 수 있다. 이제 좀 더 구체적으로 '법의 개념'에 대한 이론들을 학습해 보자.

2. 법개념에 관한 이론들

1) 법원칙과 법의 지배

여러분이 위의 '울산이' 사건을 다루고 있는 판사라고 가정해 보자. 여러분 중 한 사람이 다음과 같은 생각을 가지고 있다.

'법의 지배'란 '좋은 법'의 지배가 아니라, '실정 법률의 지배'일 뿐이다. 국가권력의 행사가 미리 확정되고 선포된 규칙들에 의해 구속된다는 원리이다. 개인이 국가가 어떤 상황에서 어떻게 강제력을 행사할 것인지 명확하게 예측할 수 있고, 이를 바탕으로 자신의 행위를 선택하는 것이 바로 '법의 지배'이다.

이에 반해, 다른 사람은 '법의 지배'란 일정한 도덕적 요청들과 정의의 요청을 충족하는 법의 지배를 의미한다고 주장한다. 이러한 '법의 지배'에 관한 견해를 '상위법'의 지배라고 할 수 있다.

우리 헌법은 실정 법률로 표현되지 않은 정의와 도덕의 원칙들로 구성되며, 이 원칙들이 국가권력작용을 지도하고 규제하는 '헌정'을 추구하고 있다.

상속에 관한 실정 '법규칙'이 울산이의 상속을 용인한다고 할지라도, 이는 그 상위의 법원칙에 반하므로, 이 규칙을 적용할 수는 없다고 판단할 수 있다. 정의의 일반원칙과 도덕적 요청들을 담고 있는 헌법적 가치와 원칙에 따라 울산이의 법적 권리가 박탈된다고 판결할 수 있다.

이러한 입장은 법을 제정하는 절차와 법의 형식만을 강조하는 '법의 지배'에 대한 이론을 거부한다. 또한 개인의 도덕적 권리와 정의를 법의 지배의 실질적 조건으로 설정한다. 헌법재판소는 "헌법 제12조 제1항이 규정한 적법절차란 국민의 권리 의무에 관한 법률은 그 성립절차가 합법적일 뿐 아니라 법률의 목적이나 내용에 있어서도 인간의 존엄과 가치를 존중하는 헌법이념과 개인의 권리를 보호하고 실현하기 위하여 확립되어 온 여러 원칙은 물론 자연법적 정의에도 합치하여야 한다는 원리로서 이는 헌법상의 규정을 기다릴 것도 없이 '법의 지배'의 본질적 내용이다(1992. 12. 24, 92헌가8)"라고 설명한다.

이러한 법과 법의 지배에 관한 이론은 민주적 정당성을 가진 의회가 제정한 법률이 최고의 권위를 갖는다는 형식적 법의 지배 이론에 의해 비판의 대상이 될 수도 있다. 그러나 '헌법의 지배(상위법의 지배)'라는 관점에서 실질적 '법의 지배'를 강조하는 입장에 따르면, 대법원과 헌법재판소의 역할이 매우 중요해 진다.

2) 승인율 이론과 법의 지배

위의 '울산이' 사건은 어려운 사례(hard case)에 속한다. 100km가 제한속도인 도로에서 운전자가 속도위반을 했는가 여부를 따지는 단순한 사건이 아니다. 이 사회에서 과연 무엇이 법인가를 확인해 주는 법효력의 기준이 존재하고, 이러한 기준이 되는 규범은 당시의 도덕과 정의의 내용들을 포함할 수 있다. 어려운 사례를 판결할 때는 이러한 법규범을 법규범이게 하는 규범의 존재와 역할이 중요해 진다.

하트 (H.L.A. Hart, 1907 ~ 1992)는 법이 존재하는 사회라면 그 사회마다 어떤 규범이 법으로 승인되는 조건이 설정되어 있다고 생각했다. 어떤 규범이 존재할 때 이것을 법규범으로 그 효력을 인정하는 기준이 있을 것이고, 이 기준은 '의무를 부과하는 규칙들'을 '법'으로서 '승인'하는 역할을 하게 된다. 이것이 바로 '승인율(승인의 규칙)'이다.

하트는 법을 규칙의 체계로 설명한다. 1차 규칙은 사회의 구성원들에게 의무를 부과하거나 권리를 부여하는 규칙이고, 2차 규칙은 1차 규칙을 도입하고, 개정하고, 폐지하는 것에 대해 다루는 규칙이다. 법은 바로 1차 규칙들과 2차 규칙들의 통일된 규범체계이다.

2차 규칙은 다음과 같다. 사회가 변화함에 따라 1차 규칙들을 변경할 필요가 생길 때 이를 변경하는 것을 다루는 규칙이 변경율이다. 1차 규칙의 내용이나 목적이 불분명하여 혼란이 초래되거나 분쟁해결에 지장이 있을 때 이를 판단하는 재판절차와 기관을 정하여 법체계의 효력 확정 능력을 높이는 규칙이 재판율이다. 어떤 규범이 법에 속하는 것인지, 또 효력 있는 법규범인지 판단해 주는 법효력의 기준이 승인율이다.

하트의 승인율은 법효력에 관한 헌법이면서 동시에 헌법 자체, 즉 헌법 가운데서도 최고의 형식적 규정이라고 할 수 있다.

'울산이' 사건에서 상속에 관한 규칙은 1차 규칙이다. 울산이가 할아버지를 독살한 사실로 인해 이 사건은 '어려운 사례'가 되어 버렸다. 승인율은 바로 이 어려운 사례에 대해 무엇이 효력 있는 법인지를 판단해 주는 기준이 되는 것이다. 승인율에는 그 시대의 도덕원리들과 정의의 요청과 기준이 포함될 수 있다. 이러한 하트의 이론을 '포용적 법실증주의'라고 한다.

포틀랜드 주립대에 재학중인 존(John)이 교환학생으로 울산대에 와서 법학수업을 듣는다고 가정해 보자. 우연히 한국의 '종교·양심·사상의 자유'에 대해 공부한 존은 한국의 판례들이 미국 판례와 크게 다르지 않다고 생각했다. 그러나 '집총거부' 사건에 대한 한국 법원의 판결들을 접하고는 혼란에 빠졌다. 양심 또는 종교의 이유로 국방의 의무를 거부한 자들을 형사 처벌하는 한국법원의 강경한 입장을 미국적 법질서와 법사고에 익숙한 존은 납득하기 힘들었다. 존은 한 사회에 존재하는 법체계에 대해 참여자의 관점과 관찰자의 관점이 다를 수 있음을 깨닫는다.

하트의 승인율 이론은 이처럼 어떤 법체계가 더 옳거나 바람직하다는 가치평가를 유보하고, 객관적으로 존재하는 법규범과 법체계를 묘사하고 설명할 수 있는 이론적 장점을 갖는다.

3) 권위와 법의 지배

여러분이 좋아하는 축구경기를 상상해 보자. 한-일전 축구를 보고 있었는데 일본 선수가 골을 넣었다. 심판이 '오프-사이드'를 선언했다. 경기장은 희비가 엇갈리고 일본선수들과 응원단은 크게 실망했다. 오프-사이드에 관한 규정이 분명히 존재한다. 문제는 규정 자체가 아니라, 일본 선수의 슛이 오프-사이드에 해당하는지 여부를 누가, 어떻게 결정하는가에 있다.

주심이 현장에서 결정한 사항은 비디오 판독 결과로 번복되지 않는다는 규정이 있고, 이 규정이 지켜진다면 억울해도 이 규정을 받아드릴 수밖에 없다. 왜 억울해도 이러한 결정에 승복해야만 하는가? 이 규정이 도덕적으로 더 우월하거나 정의에 부합하기 때문이라고 말할 수 있는가?

바로 이러한 측면을 강조해서 법개념을 설명하는 이론이 있다. 축구협회가 갖는 권위가 존재하고, 적절한 절차에 의해 구성원들이 동의하고 합의하여 공포된 규정은 권위를 갖는다.

법은 법이 아닌 규범들과 다른 특수한 규범으로서의 '권위'를 갖는다. 법효력의 기준이 되는 규범이나 원칙들이 도덕적으로 타당하거나 정의의 기준에 부합하기 때문에 법이 되는 것이 아니다. 다시 말해, 법은 도덕 원칙나 정의의 일반원칙과 필연적으로 관계되는 것이 아니다. 법은 도덕과 분리되며, 법의 독자성과 존재는 '권위'로 설명할 수 있다. 이러한 입장을 '배제적 법실증주의'라고 한다.

'울산이' 사건에서 울산이가 상속을 받을 수 없는 것이 법이라면, 권위 있는 대법원이 그렇게 결정했기 때문에 법인 것이지, 그러한 법적 결정이 더 도덕적이거나 더 정의의 원칙들에 부합되기 때문에 법이 되는 것이 아니다.

3. 전통시대 한국의 법과 법개념

1) '法' 자의 의미

'法'은 灋의 약자이다. 법(灋)자는 세 부분으로 구성되어 있다. 첫 번째 부분은 '水'인데, 후한(後漢)의 학자 허신(許愼)의 해석에 의하면 이는 법이 '물과 같이 고른' 것을 상징하는 것으로서 '水部'에 속한다고 하였다. 이것은 법의 공평성을 상징한다.

법자에서 水가 뜻하는 것은 상징적인 것이 아니라 전적으로 기능적인 것이라는 해석도 있다. 그것은 범죄자를 물위에 띄어서 물과 함께 흘러가 버리도록 한 것을 가리키는 것으로서, 축출을 의미한다. 법의 최초 의미를 패소자의 신성모독의 죄를 강물에 흘려보냄으로써 정화한다는 의미로 보기도 한다.

외뿔소가 잘못을 범한 자를 뿔로 들이 받아서 쫓아 버리는 것과 같은 '형벌'의 의미와도 통한다. 허신이 산우(山牛)와 닮았다고 한 신수(神獸)를 상징하는 치(廌)자와 거(去)자를 통해 추방의 의미를 담고 있다. 허신은 '법은 형刑'이라고 결론을 내린다.

그러므로 상고시대 중국인들은 기능이나 용도 면에서 법을 정의하였다고 할 수 있다. 또한 법을 선악이나 옳고 그름을 판단하는 원칙이나 기준으로 생각하지 않았고 그저 법은 '기(器)'일뿐 '도(道)'는 아니었다. 법을 도구로 생각했다. 범충신(范忠信)은 이러한 법관념이 상고시대부터 1949년에 이르기까지 줄곧 중국의 사상사 전체에 깊이 영향을 미쳤다고 주장한다.

고대 중국에서 사용한 '법'이라는 단어가 '法'이라는 한자를 사용하지만, 현대 사회에서 우리가 사용하는 '법'이라는 단어의 의미와 동일하다고 단정할 수 없다. 우리가 사용하는 '법'이라는 단어는 'Law'의 번역어이다. 번역어인 '법'과 우연히 사용하는 문자가 동일하다고 해서 그 의미도 동일하다고 단정할 수 없다. 조선시대에 사용된 '법'이라는 단어의 의미와도 다를 수 있다.

한국 법학계에서 동아시아의 전통시대 법에 대해 연구하면서, '법'이라는 단어의 의미를 구분하지 않고 무분별하게 사용함으로써 전통시대 법과 법체계를 왜곡하는 많은 문제를 산출해 내었다. 시경이나 서경과 같은 유교경전과 각종 사료에 등장하는 '법'이라는 단어는 현대적 '법'개념과 의미가 다르기 때문에 그 사용에 주의를 기울여야 한다.

2) 조선시대의 법

조선왕조에서 법의 제정은 기본적으로 왕명에서 출발한다고 할 수 있다. 어떤 사안에 대하여 국왕 스스로 또는 신하들이나 각 관서에서 발의한 내용을 고위 신료들이 논의하여 정리하고, 이것을 하교(下敎), 교지(敎旨), 전교(傳敎)라는 형식의 왕명으로 각 관서에 하달한다. 각 관서에서 왕명을 받아들이는 것을 승전(承傳)이라 하고 그 받아들인 왕명을 수교(受敎)라고 한다.

왕명이 법령적 지위를 갖는 '수교'가 되기 위해서는 각 관서에서 받은 왕명에 대해서 사간원, 사헌부의 서경을 거쳐야 한다. 이러한 절차를 거친 수교는 해당관서와 사헌부, 승정원 등에 전달되어 실제업무 처리에서 법적인 효력을 발휘하였다. 국왕과 신료들이 사건을 재판하면서 "이런 경우는 이렇게 판결한다."라고 결정하면 이것이 일종의 '수교'가 되어 효력을 갖는다. 이후 유사한 사건이 발생하면 앞의 '수교'의 결정에 따라 판결한다. 선대 왕의 수교를 함부로 변경할 수 없다.

일종의 판례법(case law)의 속성을 가지고 있는 '수교' 중에서 중요한 것들만 모아 '록(錄)'으로 편찬하고, 이를 다시 정선하여 '전(典)'으로 편찬했다. 우리가 알고 있는 '경국대전'이 바로 '典'에 해당하는 법전이다. 경국대전이나 대명률의 조항을 적용할 때도 "이런 관점에서 이런 식으로 해석하라 또는 이런 방식으로 적용하라."라는 수교가 정해졌다. 조선시대의 법전은 우리가 지금 흔히 생각하는 일반법이 아니었다.

'경국대전'을 조선의 헌법이라고 생각하는 경우도 있는데 사실은 그렇지 않다. 조선시대의 법전은 현재 우리가 생각하는 법전과 그 성격이 매우 다르다. 조선시대에는 '강상'과 '춘추의 법'처럼, 유교의 최상위 규범인 '예(禮)'에 기초한 일종의 '유교적 승인율'이 존재했다고 할 수 있다.

4. 법과 도덕

사회규범 가운데 도덕은 법과 가장 밀접한 관계를 가지고 있다. 법과 도덕의 관계를 밝히는 일은 오랜 전부터 많은 이들을 괴롭혀 온 주제이다. 법철학은 법과 도덕의 문제를 둘러싸고 전개되어 왔다고 해도 지나친 말이 아니다. 그래서 일찍이 예링(Rudolf von Jhering, 1818 ~ 1892)은 법과 도덕의 문제를 좌초의 위험으로 가득 찬 남미 최남단의 케이프 혼에 비유하여 '법철학의 케이프 혼'Kap Horn der Rechtsphilosophie이라고 표현하였다. 법과 도덕은 다음과 같이 구별할 수 있다.

1) 법과 도덕의 구별

(1) 법의 외면성과 도덕의 내면성

토마지우스(Christian Thomasius, 1655~1728)는 법은 인간의 외적 행위를, 도덕은 인간의 내적 행태를 규제대상으로 한다고 하였다. 다시 말하면 법은 인간의 마음에는 관여하지 않는다는 말이다. 이 경우 법과 도덕은 내용적으로 분리된다. 일찍이 로마의 법학자들이 "누구나 생각하는 것만으로는 벌을 받지 않는다"라고 한 것은 바로 이것을 뜻한다. 이에 대하여 도덕에서는 '마음속의 간음'도 가능하다고 한다. 그러나 이러한 구별이 절대적인 것은 아니다. 법도 인간의 내면적 사항(예컨대 고의, 과실, 선의 등)을 고려하는 경우가 있는가 하면, 도덕도 마음속으로만 갖고 있어서는 부족하고 외부적으로 표현되어야만 도덕적이라는 평가를 받을 수 있기 때문이다. 이에 따라 라드브루흐는 법의 외면성과 도덕의 내면성이라는 것을 관심방향이라는 것과 관련시켜, 법은 내면적인 것을 문제 삼을 때에도 외면적인 것에 관심방향이 기울어지고, 도덕은 외면적인 행위를 문제 삼을 때에도 내면적인 것에 관심방향이 기울어진다고 하여 법과 도덕의 구별에 있어서 절충적인 입장을 취하고 있다.

(2) 합법성과 도덕성

칸트는 합법성과 도덕성을 구별하여, 법은 동기의 여하와는 상관없이 법칙에 일치하는 합법성으로 만족하고, 도덕은 법칙에 따른 의무감이 행위의 동기가 될 것, 즉 도덕성까지 요구한다고 하였다. 다시 말해서 법은 합법적으로 행위하는 이상 어떠한 동기도 허용하나, 도덕은 의무가 동기가 될 것을 요구한다는 것이다. 예컨대 채무자가 채무를 이행함에 있어서 의무감에서 하든, 강제집행을 두려워서 하든 법은 상관하지 않는다는 말이다. 그러나 법도 합법행위에서는 동기를 문제 삼지 않지만, 위법행위에서는 동기가 중요한 역할을 한다. 예컨대 고의와 과실(민법 제750조, 형법 제13, 14조), 영득(領得)의 의사(형법 제329조), 이득의 의사(형법 제347조) 등은 법에서도 중요한 의미를 갖는다.

(3) 법의 타율성과 도덕의 자율성

법은 사람과 사람 사이, 예컨대 채권자와 채무자 사이의 규칙이며, 따라서 채권자의 권리와 채무자의 의무를 조절하기 위하여 양 당사자는 물론이고, 모든 법률상의 이해관계인 위에 초연한 입법자와 재판관을 필요로 하게 된다. 이처럼 타율적인 입법과 사법에 의하여 법이 운용되는 것을 법의 타율성이라고 한다. 이에 대하여 도덕은 자율성을 특징으로 한다. 도덕은 법과는 달리 초개인적인 평균인에 대한 규칙을 필요로 하지 않으며, 도덕상의 대결은 사람과 사람 사이에서 벌어지는 것이 아니라 개인의 마음속에서 탐욕과 양심, 사기와 정직간의 대결과 갈등으로 나타난다. 그 해결도 개인의 마음속에서 스스로의 결단에 의하여 이루어진다. 즉 법과 도덕은 분쟁과 갈등의 해결이 타율적으로 이루어지는가, 아니면 자율적으로 이루어지는가에 따라 구별된다.

(4) 법의 강제성과 도덕의 비강제성

법은 국가권력을 동원하여 자기의 명령을 강제로 실현시킬 수 있는데 반해서, 도덕은 이러한 강제를 갖고 있지 않거나 또 가질 수 없다는 점에서 구별된다. 그래서 예링은 "법강제 없는 법규란 그 자체 모순이며, 다시 말해서 타지 않는 불, 비추지 않는 빛"이라고 하였다. 켈젠도 법과 도덕의 구별은 법과 도덕이 무엇을(Was) 요구하고 또 금지하는가 하는 점에서 인식될 수 있는 것이 아니라, 그들이 어떻게(Wie) 일정한 행위를 요구하고 금지하는가 하는 점에서만 인식될 수 있다고 하였다. 이는 법과 도덕을 내용상 구별하는 것을 거부하고, 오직 형식적 관점에서만 구별할 수 있다는 것을 명백히 한 것이다. 여기서 강제란 법원과 집행기관의 개입과 도움에 의한 전체적이고 일반적인 '강제가능성'을 의미한다.

결론적으로 법과 도덕은 내용상으로 완전히 분리할 수는 없고, 다만 형식적인 관점에서 강제가능성에 의해 구별할 수 있을 뿐이다. 물론 법의 세계에도 강제가능성이 없는 경우가 있음은 이미 설명한 바와 같다. 그래서 옐리네크(Georg Jellinek, 1851 ~ 1911)는 법의 윤리성에 착안하여 '법은 도덕의 최소한'이라고 하였다. 이 말은 도덕 가운데는 사회질서 유지를 위하여 꼭 강제하여야 할 것이 있는데, 이러한 최소한의 도덕은 법으로 규제하여 법적인 강제를 가할 필요가 있다는 뜻이다. 이에 대하여 슈몰러(Schmoller, 1838 ~ 1917)는 법의 강제성에 착안하여 '법은 도덕의 최대한'이라고 하였다. 이는 도덕이 법으로 되면 법적 강제성을 띠게 되므로 도덕이 최대한도로 유효성을 발휘하게 된다는 뜻이다. 그러므로 두 사람의 말은 같은 사실을 다른 각도에서 표현한 것일 뿐 결코 모순되는 것이 아니며, 오히려 상호 보완관계에 있다고 할 수 있다.

2) 법과 도덕의 실정법상의 관계

법과 도덕은 실정법 안에서 다양한 관계를 맺고 있다.

첫째, 법과 도덕이 내용적으로 일치 또는 중복되는 분야가 있다. 예를 들면 '살인하지 말라'는 규범은 도덕규범인 동시에 법규범이다. 이 분야에서는 법이 도덕을 강제하는 기능을 한다. 형법에서 범죄행위로 되어 있는 행위는 대부분이 도덕적으로도 부도덕한 행위이다. 형법을 '도덕의 등뼈'라고 하는 것은 이 때문이다. 민법상의 선량한 풍속(민법 제103조)이나 신의성실의 원칙(민법 제2조) 등에도 도덕적인 요소가 들어 있다. 이 경우 법의 준수는 법과 도덕 간의 협동으로 유지된다.

둘째, 도덕과 거의 관계가 없는 법분야가 있다. 상법이나 행정법, 경제법에는 도덕적인 내용과는 관계없는 기술적인 내용이 많다. 민법도 위에 든 예와 같이 극히 일부분의 규정을 제외하면 대체로 도덕과 관계없는 합리적 또는 기술적인 내용을 담고 있다. 그러나 이러한 기술적인 법도 일단 제정되고 나면 지키지 않으면 안 된다는 도덕(준법의식)이 생기기도 한다. 교통법규나 기초질서 위반행위를 교통도덕 또는 공중도덕 위반이라고 부르는 것이 그것이다. 엄격히 말하면 교통도덕이나 공중도덕은 본래의 의미의 도덕이나 윤리는 아니지만 생활 속에서 지켜야만 할 규범이라는 뜻에서 그렇게 불리게 된 것이다.

셋째, 법이 지배적이거나 전통적인 도덕과 충돌하는 경우가 있다. 이는 법이 도덕적으로 금지된 것을 명하고, 도덕적으로 요구되는 것을 금지하는 경우에 볼 수 있다. 병역법에서 양심적 병역거부자를 인정하지 아니하고 처벌한다든지, 국가보안법에서 예외 없이 불고지죄(不告知罪)를 규정하고 있다든지, 지금은 폐지되었지만 과거에 「가정의례에 관한 법률」에서 예속에 반하는 규정을 두고 있었다든지 하는 경우가 그런 예들이다. 이러한 경우 법의 절대적 우위를 인정하거나, 또는 법의 효력을 거부하고 그 범위 안에서 도덕의 우위를 주장하면서 타협을 모색할 수도 있다. 예컨대 외국의 경우처럼 '확신범'에는 금고형을 가하거나 형을 감면해 주고, 양심적 병역거부자에게는 대체역무제도를 두는 것 등이다. 그러나 우리의 경우 법의 절대적 우위를 인정하는데 예외가 없다. 법을 도덕에 대하여 절대적으로 우월하게 하는 것은 때로는 도덕심의 둔화, 무관심, 나아가 법의 권위상실을 가져오기 때문에 때로는 법의 양보도 필요하다. 법이 지배적이거나 전통적인 도덕과 명백히 충돌하는 경우에는 그러한 법은 국민들을 대단히 곤혹스럽게 만들고 극단적인 경우에는 사회규범으로서 효력을 갖지 못하게 될 것이기 때문이다.

그렇다면 법과 도덕은 어떠한 관계에 있어야 할까? 오늘날과 같은 복잡한 사회에서는 법과 도덕이 완전히 일치한다는 것은 생각할 수 없다. 오늘날 많은 도덕적 결정이 개인에게 맡겨져 있으며, 도덕이란 강제할수록 그 본질적 요소가 파괴되는 특징을 가지고 있다. 이렇게 볼 때 순수한 도덕적 영역에 대한 법의 개입은 억제되어야 할 것이다. 이와 반대로 우리가 법의 임무를 도덕과는 아주 무관한 것으로 정의하여, '사회 내에서의 마찰 없는 공동생활의 보장'에 있다고 한다 해도 이러한 임무도 일정한 도덕적 요청을 고려할 때에만 이행될 수 있을 것이다. 그러므로 법과 도덕의 완전한 분리는 사실상 불가능하다. 도덕적 내용을 묻지 않는 법보다는 지배적 도덕에 부합하는 법이 더 잘 준수될 것은 명백하다.

3) 법의 한계

법과 도덕은 얼마만큼 서로 독자적인 영역을 지켜나갈 수 있을까? 이는 법이 얼마나 도덕적인 내용을 강제할 수 있는가, 즉 법의 한계에 관한 문제이다. 예컨대 법과 도덕의 관점에서 볼 때 다음과 같은 문제를 어떻게 판단해야 할까? 첫째, 우리 형법은 존속살해죄(형법 제250조 제2항)와 존속상해죄(형법 제257조 제2항)를 규정하여, 자식이 부모를 살해하거나 상해한 경우에, 일반인을 살해하거나 상해한 경우보다 형벌을 가중하고 있다. 일본에서는 1973년 이것이 위헌이라고 해서 폐지되었다. 둘째, 몇몇 국가에서는 위험에 처해있는 사람을 구조해 주어도 자기가 위험에 빠지지 않음에도 불구하고 자의로 구조하지 않은 경우 이를 처벌하고 있다. 이를 '착한 사마리아인 조항' (the Good Samaritan Clause)이라고 하는데, 우리는 이와 같은 규정을 두고 있지 않다. 셋째, 우리 형법에서는 배우자 있는 자가 간통한 때에는 2년 이하의 징역에 처한다(형법 제241조). 이에 대하여 법이 도덕문제에 개입하는 것은 월권이라는 이유로 간통죄를 폐지하자는 주장이 있어 헌법재판소에서 위헌법률심판이 이루어지기까지 하였다. 서구나 일본에서는 대부분 간통죄를 형법에서 폐지하여 처벌하지 않고 사회의 도덕에 맡기는 추세로 나아가고 있고, 이슬람교 국가나 우리나라와 같이 종교적, 윤리적 전통이 강한 나라에서만 간통죄가 존속하고 있다.

이들 문제는 모두 법과 도덕의 영역의 한계, 즉 이들 문제에 대해 도덕적으로 비난만 할 것인가 아니면 나아가 법적으로 처벌까지 해야 하는가 하는 문제이다. 이를 놓고 최근까지 서양에서는 많은 논란이 있었는데 법의 개념에 관한 법철학적 세계관의 차이를 극명하게 보여준 사례라고 할 수 있을 것이다.

법이 개입하여야 할 영역과 도덕에 맡겨두는 것이 좋은 영역을 명확히 구별하기는 쉽지 않다. 이 문제는 법과 도덕의 구별에서 당연히 연역되는 것도 아니며, 다분히 입법자의 정책적 고려에서 정해지는 일이 많다. 다만, 입법자의 정책적 고려는 그 국가와 사회, 그리고 시대가 요구하는 바에 의하여 좌우될 것이다. 여기서 우리는 법을 경시하는 풍조와 함께, 법으로 모든 것을 규제할 수 있다고 생각하는 법만능주의의 사고 역시 경계하지 않으면 안 된다.

| 토론주제 |

1. 자신이 판사라면 '울산이' 사건에 대해 어떤 판결을 할 것이지 학습한 이론들을 응용하여 자신의 입장을 구성하고 발표해 보자.

2. 법과 도덕의 관계는 필연적인 것인가에 대해 토론해 보자.

3. 법규칙과 법원칙을 구분하는 것이 '법의 지배'와 관련하여 어떤 의미를 갖는지 토론해 보자.

4. 법과 도덕이 충돌하는 경우의 사례들을 들고 이에 대한 바람직한 해결방안을 제시하여 보자.

5. 법으로 도덕적인 내용을 강제하는 것이 바람직한지 토론해 보자.

6. '착한 사마리아인 조항(법)'에 대하여 알아보자.

「참고문헌」

로널드 드워킨 지음, 장영민 옮김, 법의 제국, 아카넷
심헌섭, 법철학 I, 법문사
이상영 · 김도균, 법철학, 한국방송통신대학교 출판부
이정훈, 조선시대 법과 법사상 : 포용적 법실증주의자의 분석, 선인
허버트 하트 지음, 오병선 옮김, 법의 개념, 아카넷
張晋藩 주편,/ 한기종 외 옮김, 中國法制史, 소나무
蔡樞衡, 中國刑法史, 廣書人民出版社

제3장

법의 여러 형태

1. 법원의 의의

법은 일정한 형식으로 존재하여야 우리가 인식할 수 있는데 이와 같이 법을 인식하는 근거가 되는 것을 법원(法源)이라고 한다. 법의 연원, 법의 존재형태 또는 존재형식이라고도 한다. 좀 쉽게 바꾸어 말하자면, '무엇이 법인가?' 혹은 '우리는 무엇을 법이라고 인식하는가?'의 물음에 대한 답이라고 하겠다.

2. 법원의 여러 형태(형식)

법원은 단일한 형태로 존재하는 게 아니라 여러 다양한 모습으로 나타난다. 전통적으로 성문법(成文法)과 불문법(不文法)의 두 종류로 크게 나누어 왔다. 전자는 입법기관이 소정의 절차에 따라서 제정한 것이고, 후자는 입법기관이 제정하지 않은 것이다. 누구나 언제든지 쉽게 글을 새길 수 있는 오늘날에도 성문법과 불문법이라는 표현이 적절할지는 의문이지만, 법전(code)에 공식화하여 그 내용이 명확하게 고정되었는지 아니면 여전히 내용의 불명확성이 남아 있는지의 차이를 표현하는 것으로 받아들이면 될 것 같다. 성문법은 당대의 정치 구도에 따라 입법권을 가진 자가 그 의지에 따라, 의도적으로 '만드는' 법인 데 반해, 불문법은 자연스럽게 생성된 것으로서 '발견하는' 법이라는 구조적 차이를 지닌다.

1) 성문법

(1) 헌법

헌법이란 그 나라의 국가최고기관의 조직과 작용, 국가기관 상호간의 관계, 국가와 국민의 관계에 관한 기본원칙을 정한 국가의 기본법을 말한다. 헌법은 단순히 국회에서 제정되는 법률과는 달리 헌법제정권력의 결단으로 제정되고, 국회의 의결과 국민투표를 거쳐 개정되는 것으로, 국가 법질서의 시원을 이루면서 국내 모든 법규범의 근거 · 기준 · 한계가 되는 법이다. 헌법은 최상위법으로서의 지위를 가지므로 그 효력이 다른 어떠한 국내법규보다 우월하고, 헌법에 위반하는 법률, 명령 · 규칙, 그 밖의 행위는 효력이 부인된다. 헌법의 규범력을 확보하기 위하여 헌법재판소 또는 법원(法院)이 법령의 위헌 여부를 심사하는 제도가 마련되어 있다. 헌법은 그 성격상 세세하게 규정하기 어려운 사항을 법률에 규정할 것을 위임하고 있다. 예컨대 "국민이 되는 요건은 법률로 정한다"고 함으로써 헌법의 핵심사항을 법률(이 경우 국적법)로 규정할 수 있도록 국회에 대하여 수권하고 있다.

(2) 법률

법률이란 국민의 대표기관인 국회의 의결을 거쳐 대통령이 서명·공포하여 제정된 것을 말한다. 법률은 국민의 대표기관이 제정하는 법이므로 그 법은 국민의 의사로 간주되며, 선거에 따라 구성된 국회에서 다수결원칙에 따라 결정한 것이라는 점에서 고도의 민주적 정당성을 확보하고 있다.

법률의 예로는 민법, 형법, 상법, 민사소송법, 형사소송법 등이 있다. 행정법의 경우는 행정법이라고 칭하는 법 영역은 존재하나 '행정법'이라는 이름의 법률은 존재하지 않는다. 행정법은 행정절차법, 정부조직법, 국가공무원법, 행정소송법 등 방대한 양의 법률 및 하위법형식으로 이루어져 있다.

(3) 명령과 규칙

입법권은 국회가 행사하는 것이 이념적으로는 대의제 원리에 가장 잘 부합하겠지만, 국회가 그 전권을 행사하기에는 여러 현실적인 문제가 있다. 국회의원은 기본적으로 정치인이기 때문에 입법사항에 관한 전문적 식견이 담보되어 있지 않고, 국회는 수백 명의 의원으로 구성된 회의체 조직이라 신속·효율적인 사무처리를 기대하기도 힘들다. 따라서 입법사항 중 기본적이고 중요한 부분은 법률로서 정하고, 세부적이고 기술적인 내용은 전문성을 갖춘 관료들이 상명하복 체계에 따라 조직된 행정부에 맡기는 것이 전체 국가기능의 작동에 바람직하다고 볼 수 있다. 헌법도 법률의 위임에 따라 혹은 법률을 집행하는 범위 안에서 행정부에게도 입법권을 부여하고, 이를 명령으로 통칭한다. 명령의 종류로는 대통령이 제정하는 대통령령, 국무총리가 제정하는 총리령, 각 부 장관이 제정하는 부령이 있다. 명령은 법률에 근거하여서만 제정되는 것으로, 헌법상의 입법사항을 독자적으로 규정할 수 없다.

헌법이 직접 그 설치 근거를 두고 직무를 규정한 기관들을 헌법기관이라 한다. 헌법기관은 헌법에서 부여받은 사무를 다른 기관의 지시나 간섭 없이 독립하여 수행하므로 위에서 본 행정부의 명령에 의하지 않고 자율적으로 규정을 만들어 기관을 운영할 것이 요청된다. 따라서 헌법은 이들 기관에 규칙 제정권을 부여하고 있다. 국회규칙, 대법원규칙, 헌법재판소규칙, 중앙선거관리위원회규칙 등이 이에 해당한다. 헌법은 "법률에 저촉되지 아니하는 범위 안에서 …에 관한 규칙을 제정할 수 있다"는 식으로 규정하는데, 이는 법률에 근거가 없더라도 해당 기관이 자신의 권한으로서 그 사항을 정할 수 있음을 의미한다. 이 점에서 행정부의 명령과 구별된다.

(4) 자치법규: 조례와 규칙

헌법은 지방자치를 보장하기 위하여 지방자치단체에게 법령의 범위 안에서 자치에 관한 규정을 제정할 권한을 부여한다. 지방자치법에서는 자치법규를 조례와 규칙으로 분류하고 있다. 조례는 지방자치단체가 지방의회의 의결을 거쳐 제정한 규범이고, 규칙은 지방자치단체의 장이 법령 또는 조례가 위임한 범위 안에서 그 권한에 속하는 사무에 관하여 제정한 규범이다.

(5) 조약

국가의 국제법상의 권리 · 의무를 정하는 국가 간의 문서에 의한 합의를 조약이라 하는데, 국제법 중 성문법에 해당한다. 우리나라에서 조약은 국회의 동의를 얻어 대통령이 비준, 공포하면 국내법과 동일한 효력을 갖는다(헌법 제6조 제1항). 조약과 헌법이 충돌한 경우에 어느 것이 우선하는가에 관해서는 헌법우위설이 우리나라의 통설이다. 조약과 법률이 저촉할 경우에는 조약의 법적 성질에 따라 결정된다. 조약이 헌법 제60조 제1항에 열거된 조약(상호원조 또는 안전보장에 관한 조약, 중요한 국제조직에 관한 조약, 우호통상항해조약, 주권의 제약에 관한 조약, 강화조약, 국가나 국민에게 중대한 재정적 부담을 지우는 조약 또는 입법사항에 관한 조약)에 해당할 경우에는 양자는 대등한 효력을 갖지만, 그 외의 조약은 대통령령과 동일한 효력을 가질 뿐이다. 법률과 동일한 효력을 갖는 조약과 법률이 저촉할 경우에는 아래에 설명하는 바와 같이 성문법 상호간의 관계에 적용되는 원칙에 따른다.

우리나라 헌법 제6조 제1항에는 '일반적으로 승인된 국제법규'라는 규정이 나오는데 이는 국제법 중 불문법을 가리키는 것으로 이해하여야 한다. 즉 국제사회의 일반적 · 보편적 규범으로서 세계의 대다수 국가가 승인하고 있는 규범을 말한다. 과거에 우리나라에서는 헌법의 이 표현에는 국제관습법과 한국이 조약의 당사국이 아닐지라도 국제사회에서 일반적으로 규범성이 인정되고 있는 조약이 포함된다고 설명하였으나, 오늘날에는 국제사회에서 일반적으로 규범성이 인정되고 있는 조약 중 우리나라가 가입하지 않고 있는 것은 거의 없으므로 이 규정은 국제관습법만을 뜻한다고 보아야 한다.

(5) 성문법 상호간의 관계

위에서 본 것처럼 성문법은 종류도 다양하고 복잡한 내용들로 구성되어 있다. 그렇다 보니 서로 상충되는 규정들도 있을 수 있다. 이럴 때에는 어떤 법이 우선 적용되는가에 관하여 일정한 원칙이 있다.

〈성문법의 체계〉

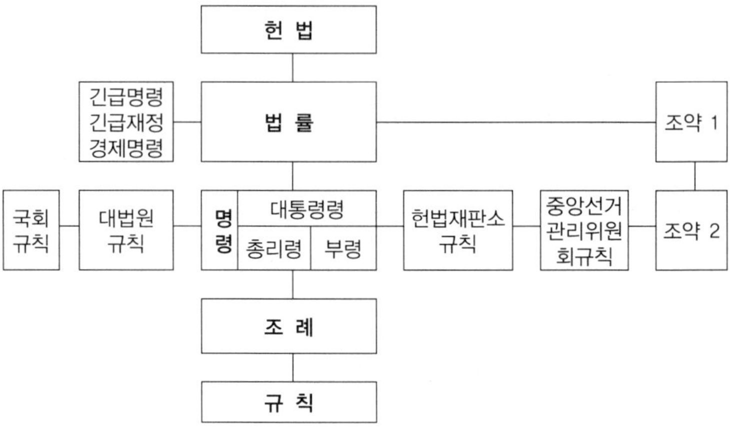

1) 긴급명령 . 긴급재정경제명령 (헌법 제76조)
2) 조약 1; 국회의 동의를 요하는 조약 (제60조 제1항)
3) 국회규칙 (제64조 제1항)
4) 대법원규칙 (제108조)
5) 헌법재판소규칙 (제113조 제2항)
6) 중앙선거관리위원회규칙 (제114조 제6항)
7) 대통령령 (제75조)
8) 총리령 · 부령 (제95조)
9) 조례 · 규칙 (제117조 제1항)

첫째, 상위법우선의 원칙이다. 법규범에는 위계질서가 있어 상위법이 하위법에 우월하는 효력을 가진다. 하위법은 상위법의 내용을 개폐하지 못하고, 상위법에 저촉하는 하위법은 그 효력이 부인된다. 성문법들 사이에 상하위의 위계는 그림 <성문법의 체계>에서 보는 바와 같다.

둘째, 특별법우선의 원칙이다. 법규범은 기본적으로 모든 사람과 사항, 장소에 적용되는 일반성을 가지지만, 특정한 사람, 사항, 장소에만 적용되는 법을 만들 수도 있다. 이를 특별법이라 하고, 같은 위계에 있는 법규 사이에는 특별법이 일반법에 우선한다.

사람에 관한 특별법의 예를 보면, 범죄자를 처벌하는 형사법의 경우, 형법은 모든 사람을 대상으로 하는 일반법이지만 군인들에게만 적용되는 군형법, 청소년에게만 적용되는 소년법 등은 특별법이다. 일반법과 특별법의 구분은 상대적이다. 가령 국가공무원법은 일반 국민에 대해서는 특별법이지만, 경찰공무원법과의 관계에서는 일반법의 성격을 가지는 것이다.

사항에 관하여는 민법과 상법을 들 수 있다. 일반적인 모든 거래관계는 민법의 적용을 받지만 특정한 거래관계, 즉 상거래관계는 상법의 적용을 우선적으로 받는다. 민법은 일반법, 상법은 특별법이 되는 것이다. 그런데 이 구별도 상대적이어서 상거래관계 중에서도 특수한 거래영역인 은행이나 보험거래 같은 경우에는 상법에 우선하여 은행법이나 보험업법이 적용된다. 상법에 대하여 은행법이나 보험업법이 특별법이 되기 때문이다.

장소에 관한 특별법의 예로는 경제자유구역법이 있다. 경제자유구역으로 지정 · 고시된 지역에서는 외국인투자를 촉진하기 위한 여러 특례가 적용되는 것이다.

셋째, 마지막으로 적용되는 원칙은 신법우선의 원칙이다. 상하위 법도 일반법-특별법 관계도 적용할 수 없을 때에는 나중에 생긴 법을 우선 적용한다. 서로 다른 내용의 법규정이 있다면 나중에 생긴 법이 현실관계에 더 부합할 것이기 때문이다.

2) 불문법

불문법의 종류로는 관습법과 판례(법) 그리고 조리가 있다.

(1) 관습법

관습법이란 사회구성원들에 의하여 장기간 반복적으로 행해지고, 그 구성원 사이에 그것이 법이라는, 바꾸어 말하면 그것을 지켜야한다는 확신이 보편적으로 자리 잡힌 규범을 말한다.

모든 사회는 상거래, 관혼상제 등 일상생활에 관하여 관습법을 가지고 있다. 관행이라는 사실 상태가 관습법으로 되려면 그 사회구성원들의 법 확신을 얻고, 그 사회의 당대의 가치관 (선량한 풍속 기타 사회질서)에 어긋나지 않아야 한다.

관습법과 성문법의 관계에 관해서는 사회생활에서 유리된 성문법의 단점을 보충하기 위하여 관습법에 성문법을 개폐하는 효력이 있다고 하는 주장도 있지만, 일반적으로는 관습법은 성문법을 보충하는 효력이 있다고 본다. 민법 제1조는 "민사에 관하여 법률에 규정이 없으면 관습법에 의하고 관습법이 없으면 조리에 의한다"고 하여 성문법이 없을 때 관습법이 적용됨을 보여주고 있다.

그러나 경우에 따라서는 관습법에 성문법과 대등한 지위를 인정하기도 한다. 상법 제1조의 "상사에 관하여 본법에 규정이 없으면 상관습법에 의거하고 상관습법이 없으면 민법의 규정에 의한다"라는 규정과 민법 제185조의 "물권은 법률 또는 관습법에 의하는 외에는 임의로 창설하지 못한다"라는 규정은 그러한 보기이다. 특수한 사례이긴 하지만 헌법재판소는 우리나라의 수도가 서울이라는 점은 관습헌법으로서 성문 헌법과 동일한 효력을 가진다고 보아, 헌법개정 절차를 밟지 않은 채 수도를 변경하는 신행정수도의건설을위한특별조치법을 위헌으로 결정한 적도 있다(헌재 2004. 10. 21. 2004헌마554).

주의할 것은 형법의 세계에서는 죄형법정주의의 원칙에 따라 관습형법의 적용을 엄격히 금지하고 있다는 점이다. 이에 대하여는 이 책의 제13장 범죄와 형벌에서 자세히 설명한다.

(2) 판례(법)

판례란 법원이 판결에서 일정한 법률문제에 대하여 적용한 일반·추상적 규범이다. 앞서 설명한 성문법이나 관습법은 그 내용이 언제나 명확한 것은 아니므로 그 의미를 확정할 필요가 있다. 또 분쟁의 소지가 있는 모든 사항을 예측하여 미리 완벽하게 입법적 대비를 한다는 것도 거의 불가능하다 보니 아예 법률이 공백 상태에 있을 수도 있다. 나아가 현존의 법률이 사회발전을 따라가지 못해 생활 현실과 괴리가 생기거나 사회구성원의 변화된 정의관념에 현저히 어긋나게 된 경우도 있다. 이러한 여러 경우에 있어서 법원이 구체적인 재판을 통하여 법의 의미를 명확하게 하고 흠결된 법을 보충하며 법을 사회의 변화에 맞게 조절하여 가는 것은 매우 중요한 일이다. 특히 최고법원의 재판에서 명확하게 선언된 법의 해석·적용에 관한 의견은 하급법원은 물론 최고법원 자신의 장래 재판,

나아가서는 수범자의 법생활에 결정적인 영향을 미친다.

영미법계의 국가에서는 선례구속(stare decisis)의 전통에 따라 판례도 법원(法源)으로 인정되고 있다. 고대-중세에 걸쳐 성문법전이 미비했던 영국의 역사가 그 배경으로 작용했던 것으로 생각되는데, 중세 농경사회의 판례로써 복잡한 산업사회를 규율하기는 적절치 않을 것이다. 그리하여 오늘날은 영국도 의회제정법이 큰 역할을 하고 있으며, 의회주권 원리에 따라 제정법은 판례법을 개폐하는 힘을 가진다.

그에 반하여 대륙법계의 국가에서는 대체로 성문법(예: 로마법대전)의 전통이 강하여 판례는 공식적인 법원으로 인정하지 않는다. 우리나라도 법계수 과정에서 대륙법계의 영향을 크게 받은 데 더하여 고유한 율령격식(律令格式)의 성문법 전통까지 있으니 같은 입장에 서 있는 것이 자연스러운 귀결이다. 그러나 대륙법계 국가라도 실질적으로는 판례가 매우 중요한 역할을 한다. 판결문에서 기존의 판례를 인용하여 결론을 도출하는 모습은 우리가 아주 흔하게 볼 수 있다. 법학서적을 펼쳐 봐도 판례가 무성한 숲을 이루고 있다.

(3) 조리 및 일반법원칙

조리(條理)란 사물의 이치, 사물의 본질적 법칙, 사물필연의 도리를 가리키는 말로서, 경험법칙 · 사회통념 · 사회적 타당성 · 공서양속 · 신의성실 · 정의와 형평 등으로 표현되기도 한다. 스위스 민법 제1조는 이를 "자기가 입법자라면 법규로서 설정하였을 것"이라고 규정하고 있다.

어떤 사건에 관하여 그 재판의 기준이 될 제정법이나 관습법, 판례 모두 존재하지 않을 경우(이를 법의 흠결이라 한다), 법관은 무엇을 기준으로 재판을 해야 하는가? 법관은 법의 흠결을 이유로 재판을 거부할 수 없으므로 이때 법관은 조리에 의하여 재판을 하여야 한다(민법 제1조). 조리는 법원 중에서도 가장 밑바닥을 이루는 원천으로서의 성격을 가지며 또 그 점에서 최후에 보충적으로 적용될 법원이라고 할 수 있다.

개별사건에서 조리의 내용을 구체화하여 적용하는 것은 결국 법관의 몫이지만, 문제는 조리의 내용 자체가 너무 추상적이고 막연하여 사실상 법관이 자신의 주관적 신념이나 성향을 조리의 이름으로 해당 사건에 적용할 위험이 크다는 것이다. 오늘날 막연하게 조리라는 하나의 개념으로 뭉뚱그리기 보다는 신의성실원칙, 비례원칙, 평등원칙 등 법의 일반원칙으로서 약간이라도 형체를 갖춘 원칙들로 분화시켜 사건에 적용하는 과정에서 각 구체적인 내용을 탐구하고 채워나가는 작업이 이루어지고 있다.

3) 성문법 중심주의와 불문법 중심주의의 비교

성문법은 그 내용이 명확하고, 법을 통일적 · 체계적으로 정비하기 쉽고, 국민의 예측가능성과 법적 안정성을 높여 준다는 장점이 있다. 그러나 반면에 법의 내용을 법조문에 고정시킴으로써 형식화 · 고착화되기 쉽고 따라서 사회변천에 탄력적으로 적응하지 못하는 한계에 봉착하며, 법률만능주의의 폐단이 횡행할 우려도 있다. 불문법은 그 장단점이 성문법과 반대에 놓일 것이다.

이렇게 성문법과 불문법은 서로 다른 특징을 가진 것이므로 그 어떤 것을 정답으로 고르는 것은 가능하지도 바람직하지도 않다고 하겠다. 그런데 사람들의 가치관과 행태가 분화되고 생활 환경이 복잡해진 현대 사회에서는 명확하고 예측가능한 성문법이 중심에 자리 잡는 것은 피할 수 없는 추세로 본다. 앞서 설명한 영국이든 미국이든 오늘날 방대한 성문법령을 갖추고 있다는 점이 이를 잘 보여준다. 그렇다고 불문법의 역할이 끝난 것은 아니다. 성문법의 흠결을 보완하고, 성문법 규정의 해석에 방향을 제시하는 것은 성문법 자체로는 결코 할 수 없기 때문이다.

| 토론주제 |

1. 성문법과 불문법의 장단점을 생각해 보자.

2. 동아리, 동호회, 동창회 등 모임이 어떤 규범으로 운영되고 있는지 분석해보고, 국가의 법 규범과 어떤 차이가 있는지 생각해보자.

제4장
세계의 법계통

1. 법계

세계의 수많은 국가들은 저마다 다른 법체계를 사용하고 있다. 그러나 어떠한 지리적 역사적 이유로 인하여 서로 비슷한 법체계를 사용하고 있는 나라들이 있다. 이와 같이 서로 비슷한 법체계를 가지고 있는 나라들의 모임을 법계(legal system, legal family)라고 한다. 이러한 법계들을 비교하여 각 법계의 특성들을 연구하는 학문을 비교법학이라고 하는데, 비교법학자들은 세계의 법계를 나름대로 3대 법계, 4대 법계, 5대 법계, 6대 법계, 8대 법계 등으로 나눈다. 이 책에서는 편의상 대륙법계, 영미법계, 종교법계, 사회주의 법계의 4대 법계로 나누어 설명하기로 한다.

2. 대륙법계

대륙법계(Continental Law Family)는 세계에서 가장 널리 분포되어 있는 법계로서 로마-게르만법계(Romano-Germanic Law Family) 또는 시민법계(Civil Law Family)라고도 한다. 이 법계는 고대 로마법을 중심으로 게르만민족의 법이 일부 융합되어 발전된 법계이다. 유럽대륙을 중심으로 발전 전파되었기 때문에 대륙법계라고 부른다. 로마법은 주로 민법(civil law)을 중심으로 발전하였기 때문에 시민법계라고도 부르는 것이다.

로마법은 고대 로마시대부터 주로 법학자들의 연구를 통하여 발전하였다. 11세기 이태리의 볼로냐(Bologna)대학을 중심으로 로마법연구가 융성하였던 것도 로마법의 발전에 기여하였다. 19세기에는 프랑스에서 나폴레옹황제가 민법인 나폴레옹법전(1804)을 편찬하여 이후 유럽대륙에 퍼진 민법전의 모델이 되었고 우리나라 민법도 이 법전의 영향을 간접적으로 받았다.

> 로마는 세계를 세 번 지배하였다는 말이 있다. 첫째는 영토정복을 통해서였고 둘째는 로마영역에서 생겨난 기독교를 통해서였으며, 세 번째는 로마법을 통해서였다는 것이다.
>
> 프랑스의 유명한 소설가 스탕달은 매일 나폴레옹법전을 읽으며 문장훈련을 하였다고 한다. 그만큼 프랑스 민법전이 훌륭한 문체로 쓰였다는 말일 것이다.

대륙법계는 다음과 같은 특징을 가지고 있다. 첫째, 성문법주의이다. 법체계의 중심이 성문법으로 이루어져 있고 불문법은 보완적, 2차적 법원으로 인정된다.

둘째, 대체로 공법과 사법을 구별한다. 대륙법은 로마법 이래 법을 국가적 법률생활을 규율하는 공법과 개인간의 대등한 법률관계를 규율하는 사법으로 구별하고 이 중 특히 사법을 중심으로 발전하였다.

현재 대륙법계에는 독일, 프랑스, 이태리 등 유럽 대륙의 국가들과 이들의 영향을 받은 아프리카 일부국가들, 남미의 일부국가들 그리고 일본과 우리나라가 이에 속한다. 우리나라는 일본의 식민지였던 때부터 일본법을 우리나라에 적용함으로써 일본법계에 속하게 되었는데, 일본은 개화하면서 독일법을 받아들였기(계수, reception) 때문에 우리나라는 일본의 영향으로 대륙법계 국가가 되었다.

3. 영미법계

영미법계(Anglo-American Law Family)는 영국에서 발전된 영국법을 중심으로 발전된 법계로서 영국과 영국의 식민지였던 미국을 중심으로 발전하였기 때문에 영미법계라고 부른다. 커몬로계(Common Law Family)라고도 한다. 유럽 대륙에서 떨어진 섬나라였던 영국은 대륙의 로마법의 영향을 받지 않고 독자적인 법을 발전시켰다. 법학자들에 의하여 발전된 대륙법과는 달리 영국에서는 법관들이 구체적 사건에서 내린 판결들이 집대성되어 하나의 법질서를 형성하였는데 이렇게 형성된 법을 커몬로(Common Law)라고 하였기 때문에 영미법계를 커몬로계라고도 부르는 것이다. 커몬로는 흔히 보통법이라고도 번역된다. 커몬로는 구체적인 사건의 판결로부터 형성된 법체계이기 때문에 대륙법처럼 추상적인 법규칙으로 구성되어 있지 않고 구체적인 타당성을 중요시하는 특징이 있다.

영미법계는 판례가 중심이 된 불문법주의라는 특징을 가지고 있다. 커몬로는 판례로 이루어진 법이기 때문에 체계가 없고 복잡하여 오늘날에는 성문법을 제정하여 법의 체계화를 시도하고 있다. 그러나 대륙법계에 비하여 여전히 판례를 중시한다는 점은 두드러진 영미법계의 특징이다.

둘째로 영미법계는 배심제도(jury system)라는 것을 가지고 있다. 법관이 아닌 보통사람들이 재판과정에서 사실의 존부, 유죄 또는 무죄 여부를 판단하도록 하는 제도인데 그 유래에 대하여는 대륙법계의 영향이라는 학설이 있기는 하지만 오늘날에는 영미법계, 그 중에서도 미국법의 특징이라고 할만하다. 이 배심제도가 2008년부터 우리나라에도 국민참여재판이라는 이름으로 도입되어 시행되고 있다.

우리나라에 도입된 국민참여재판제도는 엄격히 말하면 영미식 배심재판제도와는 차이가 있다. 영미식 배심제와 독일과 프랑스식 참심제의 요소들이 다 들어 있고, 배심원단의 평결에 법적 구속력도 없다. 이에 관해서는 더 자세히 살펴보기를 권한다.

셋째, 영미법계에는 선례구속의 원칙(doctrine of stare decisis)이 있다. 이는 판례법 중심주의에서 나온 원칙으로서 한 번 내린 판결은 뒤의 비슷한 사건의 판결을 지배한다는 것이다. 대륙법계에서는 선판례를 따를 것인가 여부는 대체로 법관의 재량으로 보고 있고 따르는 경우에도 성문법을 보완할 뿐인데 반하여 영미법계에서는 선

판례가 우선적인 효력을 가진다.

넷째, 영미법계에서는 대륙법계와 달리 공법과 사법을 원칙적으로 구별하지 않는다.

영미법계는 영국의 식민지였던 미국과 이 두 나라의 영향을 받은 캐나다, 호주, 뉴질랜드, 아일랜드, 인도, 중남미국가 등에 계수되었다. 그러나 영국법을 계수한 나라들도 법의 내용은 구체적 타당성을 중시하는 커몬로의 특징에 따라 각 나라가 가지고 있는 가치체계와 문화적 차이로 말미암아 종주국인 영국과는 상당히 다른 양상을 보인다고 한다.

대륙법계와 영미법계는 오랫동안 서로 긴밀한 접촉을 가지고 서로 영향을 주고받아 왔다. 두 법계 모두 기독교 윤리의 영향을 받았으며 르네상스 이후에는 개인주의와 자유주의, 인권사상 등을 받아들였다. 법의 실질, 정의에 대한 전망 등도 공유하게 되었다. 그 결과 어떤 나라들에서는 양 법계의 요소가 혼합된 형태로 나타나게까지 되었는데, 스코틀랜드, 이스라엘, 남아프리카공화국, 캐나다의 퀘벡주, 필리핀 같은 나라들이 그 보기이다.1)

4. 사회주의법계

비록 오늘날에는 단지 몇 나라에 불과하지만 한때 대단히 많은 나라들이 속해 있었던 법계로서 사회주의법계(Socialist Law Family)를 들 수 있다. 1917년의 러시아혁명의 결과 탄생한 소련은 법질서

1) René David, John E.C.Brierley, Major Legal Systems in the World Today, 3rd. ed., 1985, pp.25-26 참조.

도 완전히 다르게 구축함으로써 이른바 사회주의법계를 발전시켰다. 이후 마르크스-레닌주의를 신봉하는 사회주의국가들이 속속 나타나면서 소련의 법체계가 이들 나라에 전파되어 사회주의법계를 형성하여 한 때 전 세계 국가의 3분의 1 정도에 이르기까지 하였다. 그러나 1990년대 소련의 붕괴와 동구권의 해체로 말미암아 오늘날 사회주의법계로 남아있는 나라들은 중국, 북한, 쿠바, 베트남 정도 등 소수에 불과할 뿐이다. 그 중에 중국과 베트남은 정치적 이념적인 요소만 남아 있을 뿐 경제적으로는 이미 자본주의화 되어 과거 전형적인 사회주의법의 특징을 상당히 상실한 상태이다.

중국은 경제적 측면에서 볼 때 사회주의국가라고 할 수 있는가? 과거 소련의 사회주의 원리에서는 기업과 토지 등 중요한 생산수단은 사유재산으로 삼을 수 없었다. 그러나 현재 중국에서는 기업의 사유화를 인정하고 있고 다만 모든 토지는 국가소유로 하고 있다. 중국에는 알리바바 같은 세계적인 기업들이 사기업으로 활동하고 있고 수많은 세계의 사기업들이 중국에 투자하거나 직접 중국에서 기업활동을 하고 있다. 주식시장도 제도화되어 있다. 말하자면 자본주의적 경제활동이 아주 활발히 이루어지고 있다는 말이다. 중국헌법은 이러한 경제체제를 '사회주의적 시장경제제도'라고 칭하고 있다. 그러나 정치적 사회적으로는 아래에서 설명하는 바와 같이 엄격한 사회주의국가의 여러 원칙들을 고수하고 있다.

과거 소련과 동구권에서 발전시킨 사회주의법계는 다음과 같은 특징을 가지고 있었다.

우선 사회주의법계는 대륙법계의 기본적 틀을 유지하되 이념적으로 사회주의적 요소를 강조한 것이었다. 사회주의혁명 전의 러시아는 대륙법국가였기 때문에 혁명 이후에도 법체계의 분류, 구조, 용어 등은 대륙법의 그것을 그대로 지니고 있었다. 그러나 자본주의를 부정하는 이데올로기의 내용이 법에 침투되어 기본적 생산수단에 대한 사유재산제를 부정하였기 때문에 사유재산을 전제로 발전한 사법체계는 공동화되었고 대부분의 법이 국가가 주도하는 공법의 성격을 가지고 있었다.

둘째, 법의 해석과 적용에 있어서 이데올로기가 법이론에 우선하였다. 합법성(legality)보다 당성(spirit of the communist party)을 우월한 가치로 여겼기 때문이었다.

셋째, 소비에트(soviet)제도, 민주적 중앙집권제도(democratic centralism) 같은 독특한 요소가 법에 반영되었다. 주권자인 인민의 대의기구인 소비에트가 국가의 최고기구로 되어 있는 소비에트식 의회정부제 정부형태를 채택한 경우가 많았다. 중국은 전국인민대표대회, 북한은 최고인민회의라고 부르는데 이는 다른 나라의 의회에 해당하는 기구로서 자유민주주의국가처럼 권력분립원리가 채택되어 있지 않고 이 기구에 권력이 집중되어 있다. 민주적 중앙집권제도란 의사결정과정에서는 민주적으로 토론하고 결정하되 한 번 결정된 정책은 중앙집권적으로 일사분란하게 집행되어야 한다는 원리이다. 이 원리는 이론과는 달리 실제로는 민주적 요소보다 중앙집권적 요소가 더욱 두드러지게 나타났었다는 비판을 받은 바 있다.

5. 종교법계

위의 세 법계와는 달리 일부 국가들은 종교계율이 국가법에 큰 영향을 주고 있어서 자본주의국가나 사회주의국가의 법계와는 다른 특징을 보여주고 있다. 다른 나라들에서 나타나듯이 정교분리가 아니라 정교일치가 구현되고 있는 것이다. 중동지방의 이슬람교국가들과 유대교국가인 이스라엘, 힌두교국가인 인도 등이 그 보기인데 이 법계통의 대부분은 이슬람교 국가들이다. 이슬람 국가들은 전세계 국가의 거의 4분의 1에 이르고 있어 국가수나 인구수로도 대단히 큰 비율을 점하고 있다. 이들 나라들은 과거 제국주의국가들의 식민지를 경험하면서 각기 대륙법계, 영미법계의 법체계를 계수하였으나 그와는 별도로 전통적인 종교율법이 국가법의 일부로 재판과정에도 적용되고 있다. 정교분리가 되어 있지 않다는 점은 다른 법계와 다른 두드러진 특징이기 때문에 독자적인 법계로 분류하여 보는 것이다.

| 토론주제 |

1. 영미법계와 대륙법계의 특징을 비교하여 보자.

2. 사회주의법계의 발생과 변화에 대하여 토론하여 보자.

3. 중국법과 북한법에 관하여 토론하여 보자.

4. 우리나라도 시험적으로 배심제도를 도입하였다. 영미국가의 배심제도와 어떻게 다른지 비교해 보고 독일의 참심제와의 차이도 알아보자.

「참고문헌」

최종고, 북한법, 박영사
김상준, 미국 배심재판 제도의 연구, 이화여대출판부
W.E. 버틀러(박홍규 역), 자본주의법과 사회주의법, 일월서각

제5장
법의 체계와 종류

1. 개관

우리는 법의 홍수 속에서 살고 있다고 할 수 있다. 그러나 우리의 관심은 어디까지나 우리나라 법의 문제에 쏠려 있기 마련이고 국내법의 현황을 이해하는 데 주안점을 둘 수밖에 없다. 그럼에도 불구하고 지금 당장 우리의 삶을 규율하고 있는 법규만 따져도 4,000 개에 이르고 있어 이들 법을 모두 알고 생활한다는 것은 불가능한 일이다.

그렇다고 좌절할 필요는 없다. 그것은 법이라는 게 하나의 체계를 이루고 있기 때문이다. 그것이 곧 법의 체계(legal system)이다. 본래 체계라고 하는 것은 그것을 구성하는 각각의 부분들이 있고, 그 각 부분이 독립적으로 움직이는 듯이 보이면서도 그 하나하나가 모여 전체를 움직여가는 미묘한 존재이다. 법의 체계라는 것도 이와 같이 단순한 조문의 집합체가 아니라 그 전체가 하나의 통일체를 이루고 있다는 것을 의미한다.

그런데 하나의 통일체로서의 법도 좀더 파고 들어갈 때는 통합의 요소보다는 오히려 서로서로 모순하고 반목하는 요소를 더 내비치는 경우가 많다. 달리 말하자면 하나의 체계 속에 모든 법을 다 포섭하기에는 법이라는 한 마디가 너무 애매모호한 용어가 될 수도 있겠다는 것이다. 그래서 예전부터 학자들은 그 성질이 비슷한 법끼리 모아 별도의 집단을 만드는 작업을 해왔고 앞으로 보게 될 법의 영역은 바로 그러한 작업의 소산이라고 하겠다. 간략히 법의 체계도는 다음과 같이 그릴 수 있겠다.

〈법의 체계도〉

- 공 법
  - 실체법
    - 헌법
    - 행정법
    - 형법
    - 국제법
  - 절차법
    - 민사소송법
    - 형사소송법
- 사 법
  - 민법
  - 상법
  - 국제사법
- 사회법
  - 노동법
  - 사회보장법
  - 경제법

물론 이러한 분류법에 모두가 동의하는 것은 아니다. 학자에 따라서는 공법, 사법, 사회법, 경제법으로 나누기도 하고, 공법, 사법, 노동법, 사회법, 경제법으로 나누기도 한다. 각각의 주장이 그 나름대로는 정연한 논리를 펴고있는 것으로 이해하지만, 이곳에서는 일반적인 분류법에 따라 공법, 사법, 사회법이라는 3분법을 따르기로 한다.

2. 공법, 사법, 사회법

1) 공법과 사법의 구별

왜 공법과 사법을 구별하나

법체계는 개인과 집단의 사회관계를 규율하는 다양한 법규의 복합체이다. 이러한 법체계의 구조로는 종래 공법과 사법이라는 카테고리가 이용되고 법체계는 공법체계와 사법체계로 구성되어 있다고 해석되어 왔다. 법을 그 내용에 따라 공법과 사법으로 구분하는 것은 로마법 이래의 가장 전통적인 분류이다. 그러나 이러한 분류법은 물론 근대법의 탄생과 함께 본격화한다. 애당초 중세에는 교회법(종교와 도덕과 법이 혼연일체가 되어 있었던 것)이 지배하고 있었고(소위 '신의 지배'), 그밖에 별도의 법이 필요치는 않았다. 인간 이성의 승리를 의미하는 근대에 와서야 (종교나 도덕과는 구별되는) 법이 인간의 생활을 규율하게 되었고 그 규율의 방향과 정도에 따라 공법이냐 사법이냐를 따지게 된 것이다.

이렇듯 공법과 사법이라는 구별기준이 쓰여온 것은 근대사회의 법체계가 공법과 사법으로 분화하고 있었다는 사실에 기인한다. 근대사회는 자본의 순환운동이 행해지는 상품경제의 사회로 형성되었다. 그 때 상품의 생산과 교환의 사회체제를 유지하기 위해 시민의 자유로운 경제활동을 보장하는 전문적·기술적인 법제도가 설정되는 것이다[근대민법의 3대원칙이라고 하는 소유권 절대(사유재산권의 보장), 계약의 자유(사적자치), 자기책임의 원칙(과실책임주의)를 생각해보라]. 이리하여 상품의 생산관계와 교환관계의 경제질서를 유지하는 사법시스템이 성립한다.

한편 시민의 경제적 자유권을 보장하고 이를 침해하는 국가권력을 억제하는 법제도가 설정된다. 즉 사법질서가 제 기능을 하고 자유로운 경제활동을 보장할 수 있도록 하기 위해서는 개인과 개인 사이의 법률관계, 즉 사법관계에는 국가권력이 침입해서는 안 된다는 원칙이 필요한 것이고 바로 그러한 기능을 하는 영역이 공법체계이다. 이와 같이 하여 국가활동을 자본제사회의 야경국가에 한정하는 공법시스템이 성립하는 것이다. 그 결과 공법과 사법은 산업사회의 발전을 지원하고 자본주의 경제의 번영을 초래하는 요인이 되어 왔다.

공법과 사법의 구별 기준은 무엇인가

이렇듯 사법은 사적자치, 공법은 국가의 관여를 개념표지로 하는데, 실제로는 그 구분이 손쉬운 일은 아니다. 그 때문에 오늘날에도 그 분류의 표준에 관해서는 학설이 대립하고 있다. 공법과 사법의 구별 기준에 관한 학설로는 대략 다음과 같은 것이 있다.

(1) 이익설(목적설)

법이 보호하는 이익(목적)이 무엇인가에 따라 공법과 사법을 구별하려는 견해이다. 즉 사회공동의 이익(공익)의 보호를 목적으로 하는 법은 공법이고, 개인의 이익(사익)의 보호를 목적으로 하는 법은 사법이라는 것이다.

그런데 여기서 말하는 공익과 사익은 그 자체가 명확한 개념은 아니다. 법이라는 것이 한편으로는 공익을 보호하는 동시에, 다른 편으로는 사익을 보호하는 것으로서 오직 공익만을, 또는 사익만을 보호한다고 보기는 어렵기 때문이다. 예를 들어 공법인 헌법이 보호하는 이익 가운데 자유권이라는 것을 생각해보자. 자유권은 공익의 보호에 그치는 게 아니라, 개인의 신앙이나 언론의 자유와 같은 것을 보호함으로써 개인의 이익 역시 보호한다. 사법에 속하는 민법상의 등기제도나 친족상속편 역시 그러하다.

(2) 성질설(법률관계설, 효력설)

법이 규율하는 법률관계의 성질에 의하여 공법과 사법을 구별하려는 견해이다. 공법은 불평등관계, 즉 권력복종관계(수직관계)를 규율하는 법이고, 사법은 평등·대등의 관계(수평관계)를 규율하는 법이라고 이해한다.

그런데 이 견해에 따르게 되면 국가 사이의 평등관계를 규율하는 국제법은 사법의 영역에 속하여야 하고, 민법의 친족법에서 부모와 자녀의 관계는 반드시 평등관계가 아니므로 공법이 되어야 하는 모순에 빠지게 된다.

(3) 주체설

법률관계의 주체가 누구인가를 따져 공법과 사법을 구별하려고 하는 태도이다. 국가 기타의 공공단체 상호간의 관계 또는 이들과 개인과의 관계를 규율하는 법이 공법이고, 개인 상호간의 관계를 규율하는 법이 사법이라고 한다.

그러나 국가 또는 공공단체 상호간이나 그들과 개인과의 법률관계라 할지라도 그것이 권력 복종의 관계가 아니라 대등한 입장에서 매매 · 도급 · 임대차 등의 계약을 체결하는 경우에는 국가 또는 공공단체는 하나의 개인의 자격에서 행위를 하는 것이므로 그 행위를 규율하는 것은 일반적으로 사법이어야 할 것임에도 불구하고 이 설에 의하면 그것이 공법에 속하게 되는 모순에 빠지게 된다.

그래서 최근에는 이 견해를 주장하면서도 일정한 수정을 가하기도 한다. 즉 그 자격을 감안하는 한편 행위에도 주목하여 공법인과 개인간의 매매 · 임대차는 사적인 거래관계라고 이해하는 것이다.

(4) 생활관계설

법이 규율하는 생활관계가 공적 생활관계냐 또는 사적 생활관계냐를 표준으로 하여 구별하는 견해이다. 인간의 생활을 국민생활과 사회생활로 구분하여, 국민으로서의 정치적 생활관계 즉 권력적 통치관계를 규율하는 법은 공법이고, 인류(인간)로서의 생활관계 즉 비권력적인 동등한 생활관계를 규율하는 법은 사법이라고 한다. 정부의 조직이나 형벌권의 행사, 납세의 의무 또는 소송에 관한 법은 모두가 국민으로서의 생활관계를 규율하는 공법에 속한다. 친자관계, 고용관계, 개인과 개인 사이의 재산관계 더 나아가 국가와 개인 사이의 매매관계는 모두가 인간으로서의 생존을 위해 필요한 생활관계이므로 이것을 규율하는 법은 사법이 된다.

그러나 이러한 해석에 따를 때도 무엇이 국가생활이고 사회생활인지를 판별하는 것이 쉽지 않고 애매한 경우가 있다는 한계는 여전하다.

(5) 그 밖의 견해

그 밖에도 뒤르껭(Emile Durkheim, 1858~1917)은 법체계를 공법과 사법으로 분류하는 것이 이론적으로 반드시 합리적이라고 할 수는 없다고 보고, 법의 본질적 요소인 제재의 특질에 따라 법체계를 금지적 법규와 원상회복적 법규로 구별하기도 한다. 한편 켈젠은 공법과 사법을 구별하는 것은 근대법학에 대한 정치의 침입을 옹호하는 이론이며, 법학의 순수성 또는 과학성을 해치는 것이라는 논거를 들어 그 구분 자체에 반대하기도 한다.

(6) 종합

이렇듯 공법과 사법은 그 근본원리에 따라 구분하는 게 합당해 보이나 그 기준의 설정이 손쉬운 일은 아니다. 이곳에서는 잠정적으로 주체설의 입장에 서면서 다른 학설도 동원하여 "공법은 국가 기타의 공공단체와 개인과의 관계 및 공공단체 상호간의 관계를 규율하는 법이며, 그것은 원칙적으로 수직관계 내지 상하관계를 정하는 법이다. 이에 대하여 사법은 개인 상호간의 관계를 규율하는 법이며 그것은 원칙적으로 수평관계 내지 평등관계를 정하는 법이다."라고 정의해두기로 한다.

2) 사회법의 등장

이렇듯 근대법에서는 공법과 사법의 존재만을 알 뿐이었다. 그러나 자본주의 경제가 산업자본의 단계에서 독점자본의 단계로 이행함에 따라 경제적 불평등과 인간소외의 사회병리가 심화된다. 이러한 상황에 대한 타개책으로 인간적 생존과 경제적 평등을 요구하는 노동운동 등이 전개되기에 이른다. 예컨대 산업혁명기의 영국의 상황을 보자.

자본주의 초기의 노동자계급의 상태에 관해서는 예컨대 엥겔스(Friedrich Engels, 1820 ~ 1895)의 「영국 노동자계급의 상태」에 잘 묘사돼 있다. 당시에는 16 ~ 18시간 노동이 일반적이었고, 6 ~ 8세 아동까지 14 ~ 16시간 일하고 있었다. 부인노동자는 분만시간에 이르기까지 공장에서 일하고 분만 후 3 ~ 4일 후에는 다시 공장에 나와 전과 같이 일했다. 그리고 노동자가 사는 거리는 불결하고 황폐하며, 질병, 빈곤, 타락으로 가득 차 있다. 자녀를 둔 여성노동자는 모유를 줄 시간이 없어 자녀에게 마약을 준 후 일하러 나온다고도 한다. 노동자계급의 이러한 상태는 영국에 한정된 게 아니고 미국에도, 독일에도, 프랑스에도 그리고 일본에도 마찬가지였다. 19세기 프랑스 노동자의 상태에 관해 연구한 블랑빵(Roger Blanpain, 1932 ~ 2016)이 지적한 바대로 당시의 노동자들에게 산다는 것은 단지 죽지 않는다고 하는 것일 뿐이었다.

그 때문에 자본주의 체제의 안정에 필요한 사회조화를 유지할 필요가 생기고 현대국가는 근로자와 생활곤궁자의 인간적 생존권을 보장하는 사회입법의 요구를 점차 용인하기에 이른다. 노동기본권에 기한 노동법과 사회보장권에 기한 사회보장법이 형성되는 것이다. 이러한 인간적 생존권의 실현을 목적으로 하는 사회입법은 보통 사회법이라 부른다. 그 결과 현대법의 체계는 공법과 사법에 사회법을 더한 3원적 시스템으로 구성되기에 이르렀다.

이러한 사회법의 등장, 계급개념을 기초로 한 새로운 법영역의 탄생은 법체계의 구성을 대단히 혼미케 한다. 그래서 이 영역을 사법의 공법화, 공법과 사법의 혼합 내지 삼투, 공법에 의한 사법의 지배 내지 잠식이라고 부른다. 종래 사법원리와 공법원리가 서로 달랐기 때문에 양자를 구별할 실익이 있었으며, 이 사실은 현재에도 변함이 없다. 그럼에도 불구하고 그 중간영역이라고 할만한 사회법의 존재를 시인케 된 데에는 그 나름의 이유가 있다.

그것은 근대법의 인간상과 현대법의 인간상이 다르다는 데서 출발한다. 라드브루흐는 이를 '시민법에서 사회법으로'라고 표현하는데, 한 마디로 근대시민법은 추상적 인격체(Person)를, 사회법(현대법)은 구체적 인간(Mensch)을 인식의 대상으로 하는 출발의 차이점을 드러내고 있다. 쉽게 이해하자면 근대시민법은 권위와 재산, 명예를 갖춘 사람(우리가 초등학교 때 느끼던 선생님의 모습을 생각해보라) 사이의 법률관계를 규율하는데 반해, 사회법은 우리 주변에서 쉽게 마주치는 탐욕스럽고 돈과 권력이 있는 사람과 없는 사람이 섞여 있는 사람의 집합체를 떠올리면 된다. 앞의 집단에서는 계약의 자유가 가능하지만, 뒤의 집단에서는 계약의 자유는 불평등의 온존을 뜻하는 것이다.

3) 법의 각 영역

이렇듯 법은 크게 공법과 사법, 사회법으로 나눌 수 있고, 이를 다시 세분하자면 앞의 <법의 체계도>에서처럼 대략 다음과 같이 이해할 수 있겠다.

(1) 공법

① 헌법

국가와 사회의 기본법이다. 헌법은 기본적 인권을 보장하는 법규와 통치기구에 관하여 규정하는 법규를 포함하고 있다. 헌법은 무엇보다도 기본적 인권 보장의 원칙·민주주의의 원칙 등에 기해 국가활동이 행해질 것을 요구하고 있다. 또한 헌법은 인간(개인)의 존엄을 실현하는 것을 목적으로 하는 시민적 기본권과 사회적 기본권이 개인 간에도 존중될 것을 요구한다고 해석된다.

② 행정법

행정조직·행정작용에 관해서 규정하는 법규와 행정구제에 관해서 규정하는 법규를 행정법이라 총칭한다. 법치행정은 근대행정법의 기본원리이다. 그런데 특정한 행정작용을 정당화하기 위해 법 형식을 이용한다는 게 아니라 국민의 권리와 이익을 구체적으로 실현하는 실질적 법치국가일 것이 요구되고 있다. 또한 위법 또는 부당한 행정작용으로 국민의 권리와 이익이 침해되었을 때 행정구제를 구할 수 있도록 하고 있다.

③ 형법

개인의 이익·사회의 이익·국가의 이익을 침해하는 특정행위를 범죄로 규정하고 이를 처벌하는 근거법규이다. 국민의 자유와 권리를 보장하는 죄형법정주의는 형법의 기본원칙이다. 그렇다고는 해도 그것은 형사입법과 형사제재의 합리성까지 보장하는 것은 아니다. 범죄는 구성요건에 해당하는 위법·유책의 행위라고 해석되고 있다. 그 결과 생명·자유 또는 재산을 빼앗는 형벌이 과해진다. 이 경우 범죄와 형벌과의 합리적인 균형을 꾀하는 게 요청되고 있다.

④ 형사소송법

국가의 형벌권을 실현하는 절차를 규정하고 있다. 형사절차는 수사절차와 공판절차를 포함한다. 그 때문에 수사기관과 재판기관의 행위를 규제하는 법규가 설정되어 있다. 형벌권을 발동하는 형사절차는 개인의 기본적 인권을 보장하는 적정절차일 것이 요청된다.

⑤ 민사소송법

개인간의 분쟁을 해결하는 사법절차를 규정하고 있다. 그것은 당사자의 권리·의무관계를 확정하는 판결절차와 채무자에 대한 채권자의 급부청구권을 강제적으로 실현하는 강제집행절차를 포함하고 있다. 대심구조를 취하는 공개법정에서 당사자에 의한 구두변론에 기해 개인의 권리·의무관계의 존부를 판단하는 민사재판은 분쟁해결방식의 근대적 모델이다.

⑥ 국제법

국가간의 관계를 규율하는 법이라고 보통 이해하고 있다. 국가간의 합의에 기해 성립된 조약과 국제관습법이 중요한 법원이다. 국제법은 국가의 기본권으로서 주권·평등권·자위권을 인정하고 있다. 또한 국제법은 타국에 대한 불간섭 의무를 부과하고 있다. 최근에는 국제기구의 중요성이 점점 부각되고 있어 그 구성과 활동도 국제법의 중요 이슈로 부각되고 있다.

(2) 사법

① 민법

개인간의 재산관계와 가족관계를 규율하는 법규이다. 재산법은 일정한 재산관계를 형성하는 개인 사이에서 등가관계가 실현되는 것을 목적으로 하는 제도를 설정하고 있다. 그것은 순수한 현상형태에서 개인의 재산관계를 규율하는 경제적 이익의 균형시스템이다. 또한 가족법은 가족집단 속에서의 인간관계와 재산관계를 규율하기 위해 혼인·친자·상속 제도를 설정하고 있다. 가족법의 입법과 그 해석 기준은 '개인의 존엄과 양성의 본질적 평등'의 원칙에 따른다.

② 상법

기업조직과 기업거래의 준칙을 규정하고 있다. 상법은 특히 기업조직의 유지, 기업경영의 합리화, 기업거래의 원활과 안정 등을 꾀하는 구체적인 규정을 두고 있는데, 무엇보다도 기업을 유지하고 그 발전을 촉진하는 것을 목적으로 하고 있다. 물론 상법의 영역에는 상행위, 회사, 어음과 수표, 해상과 보험 등 여러 분야가 포섭되지만 그 핵심은 역시 기업조직이라는 데 있다. 그런데 사적 이익을 추구하는 기업활동의 자유도 공공복리에 반하지 않는 한도에서 용인된다.

③ 국제사법

외국적 요소가 있는 법률관계에 대해 적용되는 사법을 지정하는 법규이다. 특히 현대사회는 교통과 통신의 눈부신 발달로 국경의 의미가 점점 엷어지고 있고, 좋든 싫든 간에 세계화라는 추세는 그러한 현상을 더욱 부채질할 것으로 보인다. 이에 따라 국내에 있는 외국인의 법률관계는 어떻게 처리할지, 그리고 외국에 나가 있는 내국인의 법률관계는 어떻게 처리할지 하는 문제가 생기기 마련이다. 결국 한 나라의 영토주권과 다른 나라의 대인주권이 충돌하는 경우 이 문제를 어떻게 처리할지 하는 분야가 곧 국제사법이다. 이렇듯 국제사법의 주제는 법률의 저촉을 해결하는 데 있고, 바로 그 때문에 저촉법(conflict of law)이라고도 불린다.

(3) 사회법

① 노동법

노동관계를 규율하는 법규이다. 그것은 사용자와 근로자 개인간의 관계를 규율하는 개별적 노동관계의 법규(개별적 노동관계법)와 함께 사용자와 노동조합간의 관계를 규율하는 법규(집단적 노동관계법)를 포함하고 있다. 노동법은 무엇보다도 종속노동을 규제하고 근로자의 인간으로서의 존엄권을 실현함을 목적으로 하고 있다. 이 때문에 노동기본권을 어떻게 구체화하는가 하는 문제가 노동법의 핵심적인 문제이다. 최근에는 고용보장법의 영역, 그리고 근로자참가법의 영역이 중요한 이슈로 떠오르고 있다.

② 사회보장법

최저한도의 생활보장을 목적으로 하는 법규이다. 이를 위해 규정되어 있는 사회보험과 공적부조(공공부조) 등에 관한 법규를 사회보장법이라 총칭한다. 사회보험은 노령·질병·실업 등의 사유가 발생한 때에 일정한 보험급부를 행하는 제도이다. 공적부조는 생활곤궁자에 대해 금전급부와 현물급부에 의해 생활부조 등을 하는 제도이다. 아울러 각종 사회복지서비스에 대한 법제가 사회보장법의 영역에 포섭된다. 그런데 사회보장법의 기본적 원리인 인간답게 살 권리는 국민이 국가에 대해 요구할 수 있는 구체적. 현실적 권리가 아니라고 해석되고 있다(물론 이에 대해서는 논란이 일고 있다). 또한 사회보장에 관해서는 복지수준의 확대와 비용부담의 축소라는 모순되는 요청이 끊임없이 충돌하고 있다.

③ 경제법

경제조직과 경제활동을 규율하는 법규이다. 종래에는 국가가 경제를 규율하기 위한 법규범의 총체를 경제법이라고 하였는데, 현재로는 이 가운데 단순히 경제외적 목적(보건위생, 치안유지, 환경보전 등)을 위한 것은 제외하고 국민경제 전체를 질서지우기 위한 법규범과 법제도만을 경제법으로 보는 것이 지배적이다. 특히 현 단계에서는 독점규제법(독점규제 및 공정거래에 관한 법률)을 중심으로 경쟁을 촉진하기 위한 법을 경제법으로 이해하는 경향이 있다.

3. 실체법과 절차법

1) 실체법과 절차법의 구별과 관련성

법은 개인과 집단이 맺는 사회관계를 권리·의무관계로 받아들여 그 당사자에 대해 일정한 권리를 보장하는 한편 일정한 의무를 과함으로써 개인과 집단의 사회적 통합을 실현한다. 이러한 역할을 하는 법의 본질적 요소인 권리·의무관계의 실체에 관해서 규정한 법규는 실체법이라 부른다. 실체법은 권리·의무의 실체, 즉 권리·의무의 성질, 그 범위와 종류 및 내용, 권리의 발생과 변경, 소멸 등에 관한 실체적 사항을 규정하는 법체계라고 이해할 수 있다. 예컨대 민법과 형법 등은 전형적인 실체법이다.

이에 반하여 절차법은 실체법을 실현시키는 절차, 즉 실체법상의 권리를 실행하거나 또는 의무를 실행시키기 위한 절차에 관한 법체계이다. 예컨대 민사소송법과 형사소송법이 그러하다. 절차법 중에는 직접 소송에 관한 것과 그렇지 않은 것이 있다. 따라서 일정한 이익과 가치를 배분하는 법적 권리와 법적 의무는 실체법으로 규정되고 절차법을 통해 실현되게 된다.

법체계를 구성하는 실체법과 절차법은 이론적으로 유기적 관련을 가지고 있다고 해석된다. 그러나 실체적 규정에 의해 보장된 법적 권리가 절차적 규정에 의한 이유로 실현되지 않는 경우가 있다. 또한 구체적인 쟁송사건이 제기되지 않는 한 사법권을 발동할 수는 없다고 하고 있다. 더욱이 소송의 목적인 권리관계에 관해서 법원의 판단을 구하는 법률상의 이익이 있음을 전제로 하여 본안의 재판을 받을 수 있다고 하고 있다. 어쨌든 실체법은 사적 분쟁을 해결하는 민사절차나 형벌권을 실현하는 형사절차에서 법적 가치 판단의 기준이 된다.

2) 적법절차의 보장

실체법과 비교하면 절차법은 기술적인 규정에 불과한 것처럼 보인다. 그러나 인권을 옹호하기 위해서는 정당한 절차의 보장이 필수불가결한 것처럼 절차의 문제는 단순한 기술적 문제는 아니다. 절차적 정의를 실현하는 것이야말로 절차법의 주제인 것이다. 그 기본원리인 적법절차의 보장은 적정절차의 보장을 의미한다고 해석되고 있다. 즉, 단지 법이 정하는 절차에 따를 것을 요구하는 것은 아니고 적정한 실체적 요건과 적정한 절차를 요구하고 있다고 해석되고 있는 것이다. 왜냐하면 적정한 실체적 요건을 규정하는 법에 기한 절차가 적정하게 집행될 때 비로소 인권의 옹호라는 것이 가능하기 때문이다.

이러한 의미에서의 법의 적정절차는 무엇보다도 형사절차에서 요구된다. 이 점에 관해서 판례는 예컨대 피고인 이외의 제3자에 대해 고지 · 변명 · 방어의 기회를 주지 않고 부가형으로 제3자의 소유물을 빼앗는 것은 적법절차의 보장에 반한다고 판단하고 있다. 또한 법의 적정절차는 국민의 자유와 권리를 제한하는 행정절차에서도 요구된다. 판례도 예컨대 개인택시사업면허를 요구하는 신청인에 대해 그 주장과 증거의 제출기회를 주지 않고 면허신청을 각하하는 처분은 위법이라고 판단하고 있다. 더욱이 민사관계에서도 법의 적정절차의 취지를 살릴 필요가 있다고 하겠다. 어쨌든 법적 문제는 실체법과 절차법의 적정한 운용에 의해 합리적으로 해결되는 것이다.

4. 국내법과 국제법

1) 국내법과 국제법의 구별

국내법과 국제법의 구별은 이론적으로 곤란할 뿐만 아니라 논의도 많지만, 많은 학자들은 그 구별의 표준을 법을 인정하는 주체 및 법의 효력이라는 측면에 둔다. 국내법은 한 국가에 의하여 제정 · 공포되고 국가와 국민 사이 또는 국민 상호간의 권리 · 의무관계를 규율하는 법규범의 총체를 말하고, 국제법은 복수국가에 의하여 인정된 국가 상호간의 권리·의무관계와 국제조직에 대해 규율하는 국제공법이다. 따라서 그 시행범위도 국내법은 국가사회를 기초로 하고, 또한 거기에는 법의 적용과 집행에 관한 강제방법과 기구가 구비되어 있지만, 국제법은 그러한 점에 있어서는 불완전한 국제사회를 기초로 하므로 국내법에 비하여 강제성이 약하다. 그러나 오늘날 국제기구라는 어느 정도의 조직적 사회가 존재하고 있으며, 그 힘에 의하여 미약하고 불완전한 정도라도 강행되고 있는 한, 국제법부인설은 타당하지 못하다.

한편 국제법과 국제사법은 구별하여 이해하여야 한다. 국제법 가운데 국제공법과 국제사법이 있는 것으로 오해하기 쉬우나, 국제법은 바로 그것이 국제공법을 의미한다. 그리고 국제사법은 국내법의 일부로서 국가간의 외국적 요소가 있는 사법관계에 관하여 어느 나라의 법을 적용할 것인가를 정하는 법이다. 즉 국제사법은 특정한 국가에 거주하는 외국인의 법률관계를 정하는 데 외국인의 본국법 또는 자국법 중 어느 것을 적용할 것인가를 다루는 법일 뿐이다.

2) 국내법과 국제법의 조화, 대립

국내법은 최고법규인 헌법을 정점으로 하는 피라미드형의 단계구조를 이루고 있다. 즉, 국내법은 상급의 규범과 하급의 규범으로 구성되는 계층질서를 형성하고 있어 상위규범인 헌법은 하위규범인 법률과 명령 등에 우월한다. 더 나아가 국무에 관한 행위도 헌법규정에 위반할 수 없다. 따라서 국내법의 체계와 그 효력은 헌법의 원리와 제도에 의존하고 있다. 이러한 통일적 구조를 가지는 국내법의 원천은 국가주권이다. 국내법은 국가주권에 의해 제정되고 더 나아가 국가주권에 의해 유지된다.

그러나 국내법에만 시스템이 있는 것은 아니고 국가간의 관계를 규율하는 국제법의 시스템 역시 존재한다. 국제법은 조약과 국제관습법으로 구성된다. 국제사회의 일원인 국가는 국제법에 의해 구속을 받는다. 국제협조주의의 원칙에 따라 우리나라가 체결한 조약과 확립된 국제법규는 성실하게 준수할 필요가 있다. 그러나 정부가 체결하는 조약은 국민주권의 원리에 따르고 국회에 의한 사전승인의 원칙에 따를 것이 요구된다. 더욱이 헌법을 존중하고 옹호할 의무를 지고 있는 정부는 평화주의의 원칙, 기본적 인권 보장의 원칙, 민주주의의 원칙 등에 기한 규정들에 위반하는 조약을 체결할 수 없다.

한편 국제법의 주체인 국가는 그 기본권인 독립권·평등권·자위권을 인정받고 또한 다른 나라에 대한 불간섭의무를 진다. 특히 국가주권을 유지하는 것은 국민주권과 국제평화의 전제조건이 된다. 국가주권이 침해되었을 때 국민주권과 국제평화는 붕괴되는 것이다. 헌법전문은 이 원칙에 관해서 "……밖으로는 항구적인 세계평화와 인류공영에 이바지함으로써 우리들과 우리들의 자손의 안전과 행복을 영원히 확보할 것을 다짐하면서……"라고 규정하여 국제협조주의의 원칙과 함께 국가주권의 원칙을 강조하고 있다.

그 때문에 국제법과 국내법간의 조화를 유지하는 것이 필요하다. 국제법과 국내법의 관계에 관한 문제의 초점은 이 2원적인 법체계의 1원화를 꾀하는 데 있다. 그러나 국제법과 국내법은 종종 대립한다. 국제법이 국내법을 파괴하는 경우도 있고 국내법이 국제법을 파괴할 때도 있다. 때문에 학자들은 국제법우위의 이론과 국내법우위의 이론을 펼치고 있다. 국제사법재판소는 국제법우위의 기본적 입장을 견지하고 있다.

5. 실정법과 자연법

자연법은 보통 인간의 이성과 자연의 본성에 근거하여 시대와 민족, 국가와 사회를 초월하여 보편타당하게 적용되는 객관적 질서라고 여겨지고 있다. 이 자연법은 실정법과 비교되는 의미에서 법은 마땅히 어떻게 되어야 한다는 당위법으로 이해하는 데 그 의의가 있다. 즉 자연법이 무엇인가에 관하여 확실한 정설은 없고, 대개 자연법이란 자연 내지 이성에 기초를 두고 시대 · 민족 · 사회 · 장소 등을 초월하여 보편타당성을 지니는 어떤 근원적인 것 내지 초실정법적인 것이라고 말하여지고 있다는 것이다. 다만 현대의 자연법론자는 자연법의 영구불변성을 강조하면 융통성이 없는 형이상학적인 것으로 오해될 것이라고 하여 역사성 혹은 '내용가변성', 구체성을 강조하는 여러 가지 이론을 전개하고 있다.

이에 반하여 실정법이란 제정법 · 관습법 · 판례법 등과 같이 경험적 · 역사적인 사실에 의해 성립하고 현실적인 제도로서 시행되고 있는 법을 말한다.

자연법은 비현실적 · 초인위적인 것에 기초를 둔 결과 관념적 사변적인데 비하여, 실정법은 입법작용 · 관습 · 판례 등과 같이 일반적으로 법원이라고 부르는 일정한 사회적 · 경험적 사실을 기반으로 하여 생성 또는 제정되었으므로 현실사회의 규범으로서 보다 실효성을 가진다고 할 수 있다. 법이나 법학의 역사는 곧 자연법과 실정법의 긴장과 대립 혹은 이상적인 자연법사상과 현실적인 법실증주의의 대립의 역사라고 해도 과언이 아니다. 이처럼 자연법과 실정법은 서로 다른 체계의 규범이지만 반드시 상호모순되거나 상반되는 것이 아니라 상호보완관계로 존속해 나갈 것이다.

| 토론주제 |

1. 공법과 사법을 구별하는 이유를 생각해 보자.

2. 왜 사회법이라는 법영역이 등장하였는지 알아보자.

3. 적법절차의 중요성에 대해 토론해 보자.

4. 실정법과 자연법은 모순관계일 수밖에 없는지 토론해 보자.

「**참고문헌**」

박은정, 자연법사상, 민음사
이태재, 법철학사와 자연법론, 법문사
한스 켈젠(심헌섭 편역), 켈젠 법이론선집, 법문사

제6장
법의 이념

1. 법의 이념

여러분이 고등학교 시절, 일진이 속해 있는 폭력서클과 막다른 골목에서 마주쳤다고 상상해 보자. 상상하기도 싫겠지만, 이들은 여러분의 용돈을 공유할 것을 요청(?)할 것이다. 이 때 슈퍼맨이나 배트맨 같은 영웅이 나타나 여러분의 용돈을 지켜준다면, 무척 행복해 질 것이다.

법은 여러분의 일상에 어떤 의미를 갖는가? 슈퍼맨 같은 영웅은 아니지만, 법이 부당하게 갈취당한 여러분의 용돈과 같은 권리를 보호하고 회복하도록 하는 기능을 담당하는 것은 분명하다. 법은 여러분이 응당 향유해야 하는 여러분의 '몫'을 보장하고, 합리적인 이유 없이 여러분의 '몫'이 빼앗길 때 개입해서 이 '몫'을 확보 또는 회복할 수 있게 해 준다.

법은 사회적 반가치 행위(여러분의 용돈을 갈취하는 행위와 같은 행위가 사회적 반가치 행위이다)를 처벌하는 체계도 형성하고 있다. 이 법체계는 개인이 향유해야할 법익을 보호하는 역할도 한다. 따라서 각자가 가져야 할 '몫'은 무엇이며 이 '몫'은 '어떻게' 또는 '어떤' 기준으로 정할 수 있는가의 문제는 매우 중요하다.

법체계는 여러분이 누군가와 계약을 하거나 여러분의 이익을 위해 어떤 법률행위를 할 때, 여러분이 일방적으로 약속을 지키지 않거나 계약을 파기하면 어떤 책임을 져야하는지 예측할 수 있게 해주는 역할도 한다. 반대로 상대방이 여러분에게 그런 행위를 할 경우 여러분이 어떻게 대응할 수 있는지도 예측 가능하다. 법체계가 형성하는 법질서가 보장하는 일상의 안정성은 법적 생활세계의 예측가능성에서 발현된다.

지금까지 설명한 내용을 어려운 용어로 바꾸면 '정의'와 '법적 안정성'이 된다. '법이란 무엇인가?'를 다룬 것이 법개념의 문제라면, '법이란 도대체 무엇을 위해 존재하는가?', '법이 추구하고 실현하고자 하는 바는 무엇인가?', 즉 '법의 목적'에 대해 숙고하는 것이 법이념의 문제이다.

우리나라의 대부분의 법학개론 교과서들은 법의 이념으로 정의와 합목적성 그리고 법적 안정성을 들고 있다. 이것은 강한 열정과 집념으로 법의 이념을 찾아내려고 했던 라드브루흐(Gustav Radbruch, 1878 ~ 1949)라는 독일의 법철학자가 정리해 낸 법의 이념들이다. 법의 이념에 대한 깊이 있는 학습은 법철학이라는 분과학문에서 배우게 될 것이므로 여기서는 그 핵심되는 부분만 살펴보도록 하자.

2. 정의

1) 정의에 대한 의문들

박지성 선수가 영국의 프로축구 리그에서 활약하면서 많은 연봉을 받고 있다. 박선수가 국내의 다른 선수보다 더 많은 연봉을 받는 것을 정당화 할 수 있는 근거는 무엇인가?

여러분은 아마도 박선수의 월등한 기량, 즉 능력을 근거로 들것이다. 그렇다면 능력에 비례해서 많은 소득을 보장하는 것은 어떻게 정당화 될 수 있는가? 이 질문에 대해, 능력은 후천적인 노력으로 발전하는 것이기 때문에 높은 소득은 이 노력에 대한 보상이라고 답변할 수 있을 것이다.

여기서 또 다른 의문이 발생한다. 객관적으로 박선수보다 작은 연봉을 받는 축구선수들은 모두 박선수보다 노력이 부족했다고 장담할 수 있는가? 연습량에 비례해서 연봉이 정해지는 것은 아니다. 타고난 재능도 무시할 수 없는 성공의 요소 중의 하나이다.

선천적인 재능은 자신의 선택이나 노력과 무관하다. 여기서 더 나아가 만약 박선수가 북한에서 태어나서 선수생활을 했다면, 해외진출이나 이에 따른 현재의 소득을 갖는 것이 가능할까? 타고난 재능이나 태어난 나라는 자신의 선택이나 노력으로 정해지는 것이 아니다. 그렇다면 박선수의 성취는 공동체적 의무도 포함하고 있는 것일까? 이러한 질문들에 대한 해답을 제시하기 위해 구성된 것이 '정의에 관한 이론', 즉 '정의론'이다.

한 사회가 무엇을 정의로 인식하는가의 문제, 즉 정의의 기준에 대한 합의는 재화의 분배라는 차원에서 매우 중요하다. 법은 바로 이 정의의 기준들을 적용하여 분쟁을 해결하는 역할을 수행한다. 다시 말해, 법체계는 공동체 내에서 구성원인 각자에게 각자의 몫이 무엇인지 확인시켜주고, 이를 보장한다.

한 사회에서 재화가 분배되는 문제는 '인간의 동등한 존엄'이라는 차원에서 '인권'과도 깊은 연관을 갖게 된다. 서구의 자유주의 정치철학과 법철학은 '자유권' 중심의 인권이론을 발전시켜 왔다. 시민들의 동등한 자유의 보장은 기본적 인권 보장을 위한 자유세계의 정의의 요구, 즉 정의의 기초라고 할 수 있다. 이러한 '자유권' 중심의 인권이론은 '사회권'을 '자유권'과 대등한 인권으로 구성하려는 이론들의 도전을 받고 있다.

제 2장 법개념을 공부할 때 학습한 것처럼, 헌법은 정의의 기본 원칙들과 정의를 위해 요청되는 일련의 기준들을 포함하고 있다.

무엇이 정의의 기준들로 인정될 수 있는가를 역사·문화·정치적 배경을 무시하고 획일적으로 정하는 것은 불가능하다. 이제 구체적으로 정의관에 관한 이론들을 학습해 보자.

2) 자유지상주의 정의론

미국 사회가 외환위기로 인해 월스트리트에 있는 투자은행 CEO들의 높은 연봉과 도덕성의 문제, 그리고 공동체에 대한 책임에 대해 논쟁하게 되었다. 월스트리트 투자은행의 CEO들은 일본 금융회사의 CEO보다 평균 40배의 연봉을 더 받는다고 알려지자 논란이 일었다. 그들이 고액의 연봉을 받는 이유에 대해, 혹자는 그들이 회사의 이윤에 기여한 바가 크고, 경영의 과정에서 적절한 선택과 결정을 통해 엄청난 성취를 이루었고 이 성취에 대한 보상은 당연한 것이라고 설명할 것이다. 그리고 그들의 열심히 일한 노력도 무시할 수 없는 고액 연봉의 이유가 될 수 있다.

이처럼 선택과 선택의 자유, 그리고 성취에 따른 '자격'을 강조하는 정의에 관한 입장을 자유지상주의적 정의관이라고 할 수 있다. 그러나 이들은 경영을 통해 이윤이 아니라, 엄청난 손실을 회사에 입혔고 회사는 위기에 빠졌다. 이들이 일본 CEO보다 40배 더 열심히 일했다고 장담할 수도 없다. 자유지상주의의 상징과도 같았던 월스트리트의 분배방식에 무언가 문제가 있다는 인식이 공유되고 있다. '자격'을 강조하는 정의관이 '자격'을 부여하는 인정하는 방식에 문제가 있는 것일까?

위에서 언급한 박지성 선수 사례를 다시 음미해 보자. 만약 박선수가 인기 있는 종목인 축구가 아니라, 핸드볼 선수였다면 지금과 같은 소득을 보장받을 수 있을까? 세계 최고의 핸드볼 선수는 축구선수보다 물질적인 보상을 받기에 자격이 부족한가? 그렇다면 모든 종목의 세계 정상급 선수들을 동일한 조건으로 보상하는 것은 정의로운가? 정의에 대해 고민하면 할수록 점점 더 미궁에 빠져드는 느낌을 받게 될 것이다. 핸드볼에 재능이 있을지 혹은 축구에 재능이 있을지 여부를 스스로 태어날 때 선택할 수는 없다. 부모를 선택할 수 없는 것과 마찬가지이다. 미국에서 태어나는가 또는 북한에서 태어나는가와 같은 조건도 선택의 문제가 아니다.

우연에 의해 정해진 조건들에 따른 차등한 분배를 정의롭다고 할 수 있는가? 이러한 의문들이 자유지상주의 정의관에 대한 비판적 도전이 되고 있다. 개인의 자유와 이에 따른 선택, 그리고 성취를 존중하고 보장하는 것은 자유주의 정치철학이 중요시하는 요소임은 분명하다. 그러나 이러한 개인의 선택과 자격에 대한 존중과 더불어 그 보상에 대한 공동체적 의무와 책임 또한 간과할 수 없는 문제가 된다. 마이클 센델은 바로 이 공동체의 문제를 강조하는 '정의론'을 펼쳐 인기를 누리고 있다. 자유지상주의 정의론은 이론 자체의 정합성 부족과 인권문제를 다루기 어려운 이론적 흠결, 임의적인 분배조건으로 인한 도덕적 문제 등으로 수많은 비판에 직면해 있다.

자유지상주의 정의관에 대한 이해를 돕기 위해 한 가지 사례를 더 들어보자. 최근, 한국의 00대학에서 지나친 경쟁위주의 학사운영으로 학생들의 자살이 증가했다는 지적과 함께, 경쟁 위주의 대학운영 방식이 사회적 논란이 되었다. 이 대학의 정책에 대해 한국사회에서 지나친 자유지상주의 정책이라고 비판이 쏟아졌다. 흔히 경쟁을 강조하는 방식을 '자유지상주의'라고 비판하는 경향이 있는데 경쟁을 유도했다고 해서 모두 자유지상주의적인 방식이 되는 것은 아니다.

00대학은 상대적으로 잘하는 학생에게 보상을 강화하는 방식이 아니라, 못하는 학생에게 보장된 것을 박탈하는 방식을 택했다. 00대학의 설립목적에 부합하지 않는 학생들에게 그들이 학교로부터 받고 있는 혜택을 박탈하는 방식은 자유지상주의적인 것이 아니다.

'승자 독식의 분배 방식'은 자유지상주의와 상통하는 면이 있다. 그러나 대학의 설립 목적에 부합하지 못한 낙오자들에게 기존에 공급되던 재화를 박탈하는 방식은 자유지상주의와 다르다. 낙오자에게서 박탈된 재화가 승자에게 재분배 되는 것도 아니었다. 승자는 추가로 얻는 것이 없고 다만 낙오자가 대학설립 목적에 부합하지 않는다는 이유로 징벌의 형식으로 공급받던 재화를 박탈당하는 방식은 자유지상주의 정의관과 양립할 수 없다. 예를 들어, 어떤 공산독재국가의 협동농장에서 할당된 생산량을 채우지 못한 근로자로부터 주어진 식량배급의 일부를 박탈한다고 해서, 이 협동농장의 운영방식을 지나친 '자유지상주의'라고 비판할 수 없는 것을 생각해 보면 이해하기 쉬울 것이다.

3) 공리주의 정의론

여러분은 편리한 수사를 위해서 피의자를 고문하는 것은 용납할 수 없다는 주장에 쉽게 동의할 수 있다. 그러나 만약 테러범이 울산대에 폭탄을 설치했는데 테러범이 그 위치를 말하지 않고 있다고 가정하면, 이 테러범을 고문해서 폭탄의 위치를 알아내자는 제안에 대해 조금 전처럼 쉽게 거절할 수 없을 것이다.

다수의 무고한 생명을 지키기 위해 테러범의 인권을 잠시 침해하는 것은 정당화 될 수 있다고 생각할 수 있다. 이러한 방식의 정의관을 '공리주의'라고 부를 수 있다. 흔히 무인도에 조난당한 절망적인 사람들이 병들어 사망하기 직전의 동료를 살해해서 인육을 먹은 사건 같은 것을 떠올려 볼 수 있다. 인육을 먹거나 사체를 훼손한 사람들을 형사 처벌하는 것은 타당한가? 또는 그들을 처벌한다고 했을 때, 그 형벌을 감경하는 것은 정당화 될 수 있는가를 생각해 보자.

여러분이 공리주의적 정의관의 소유자라면, 다수의 생명과 이익을 위해 소수의 희생을 받아들일 가능성이 크다고 할 수 있다.

4) 롤스의 정의론

위에서 설명한 공리주의 정의관이 지배하는 사회를 가정해 보자. 이 가상의 사회에서 어떤 상황이 발생했다. 다수의 이익을 위해 희생당해야 하는 소수자가 바로 여러분이라면 어떻겠는가?

롤스의 정의론은 공리주의 정의론을 정면으로 비판하며 등장한다. 여러분이 고등학교 사회시간에 배웠던 사회계약론을 떠올려 보자. 여러분 마음에 들지 않는 법원의 결정이나 정부의 증세정책에 왜 따라야 하는가? 여러분은 계약서를 본 적도 없고 사회계약의 내용에 싸인한 적도 없다.

롤스는 여러분에게 '사고의 실험'을 제안한다. 여러분이 형제가 많은 집의 첫째라고 가정해 보자. 어머니가 케익을 하나 사오셨다. 어머니가 첫째인 당신에게 공정하게 케익을 잘라보라고 하신다. 당신은 은근히 아주 근소한 차이로 한 조각의 케익을 좀 더 크게 잘랐다. 자신이 그 조각을 취할 계획이다. 그러나 어머니는 자르는 건 첫째가 했으니 선택은 막내가 먼저 하라고 지시하신다. 당신에게 어떤 조각이 돌아올지 모르는 상황에서 당신이 취할 수 있는 합리적인 선택은 무엇인가?

당신은 최대한 똑같은 크기로 케익을 자르고자 노력할 것이다. 롤스가 자신의 사회적 지위를 모르는 상황에서 합의할 수 있는 정의의 기본 원칙들이 있다면, 바로 이것이 정의의 원칙이 될 수 있다고 설명한 것은 매우 설득력이 있다.

자신이 속해있는 집단을 모르는 상황에서, 어떤 소수자 집단의 자유를 상당히 제한하는 원칙에 합의했다. 나중에 알고 보니 자신이 바로 그 집단 소속이라면 당신은 어떻게 대응 하겠는가? 당신이 합리적인 사람이라면, 가능한 동등한 자유를 보장하는 원칙에 합의하려고 하지 않겠는가? 이러한 사고의 실험을 '무지의 베일'과 '원초적 상황'이라고 부른다.

롤스는 자유지상주의와 능력위주의 정의관이 갖게 되는 도덕적 문제를 극복하고자 했다. 다시 말해, 기회를 균등하게 보장해도 어떤 학생은 부자 부모를 통해 사교육 기회를 폭넓게 누리고, 어떤 학생은 맥도널드에서 하루에 4시간 이상 일해야만 학교를 다닐 수 있다면, 이 두 학생의 시험 날짜가 동일하고 시험조건이 동일하다는 이유만으로 시험결과에 따른 차등을 받아들이라고 강요하기 어려울 것이다. '우연적(임의적) 요소'가 결과를 지배하는 것은 도덕적인 것이 될 수 없다.

그렇다고 롤스가 평등의 원칙만을 주장한 것은 아니다. '차등의 원칙'이 용인될 수 있는 것은 차등이 그 사회의 가장 열악한 계층의 이익을 극대화할 수 있을 때이다. 재능 있는 사람을 격려하고 재능을 더 발전시키도록 한다. 그 재능으로 시장에서 거두어들인 효과를 공동체에 일부 환원하도록 하는 것이다. 달리기 시합에서 가장 빠른 주자에게 족쇄를 채우는 것이 아니라, 잘 달릴 수 있도록 돕고 우승의 결과를 재능이 부족한 사람과 나누도록 한다는 것이 '차등의 원칙'이다.

롤스가 자유지상주의와 능력위주의 정의관이 지니고 있는 함정, 즉 승패의 결과를 만드는 요소들이 우연에 의존해 임의적이라는 도덕적 결함을 해결하기 위해 분투했지만, 이론이 완전할 수는 없으므로 많은 비판에 직면해 있다.

그러나 개인의 자유와 권리보다 집단을 중시하고, 민족과 국가를 최고의 가치인양 강조하는 전체주의적 정서와 이데올로기가 강한 한국사회에서 법이 소수자의 자유와 권리를 보장한다는 차원에서 롤스의 정의론은 그 의의가 매우 크다고 하지 않을 수 없다.

3. 합목적성과 법적 안정성

조선시대에는 대명률에 따라, 간통하는 아내를 발견한 남편은 현장에서 아내를 살해해도 형벌이 면제되었다. 아버지를 살해한 원수를 살해해서 복수한 경우도 마찬가지였다. 현대 사회를 살고 있는 여러분은 조선시대의 법에 동의하기 어려울 것이다.

법이 발달했던 로마시대에도 노예를 합법적으로 소유할 수 있었다. 현대의 관점에서 조선시대에는 "법이 없었다"라고 말하거나, 부도덕한 노예제를 용인하는 로마에는 "법이 없었다"라고 단언하기 어렵다. 부도덕한 법은 법이 아니라는 극단적인 자연법론자가 아니고서야 이런 주장을 할 가능성은 없다고 하겠다.

생각해보면 법과 국가라는 '제도' 자체가 이미 인간이 추구하는 목적의 산물들이다. 민주주의 국가에서 법은 그 자체 목적이 아니라 인간과 국민의 안녕과 평화라는 목적에 봉사하기 위해 존재한다. 법이 인간과 사회를 위해서 존재한다면 법은 응당 그러한 자신의 존재목적을 실현해야 한다. 이처럼 법의 이념으로서 합목적성의 관념은 시대에 따라서 변화하는 상대적인 것으로 이해해야 한다. 봉건사회의 법이 봉건적 질서를 유지하는데 적합하게 되어 있다면, 자본주의사회의 법은 자본주의 이념에 충실하게끔 제정되어 있다.

그런데 법의 목적만을 지나치게 강조하다 보면 법적 안정성이 유지되지 못하는 또 다른 문제가 생긴다. 합목적성의 관념은 시대에 따라 변한다고 했다. 그래서 이럴 때는 이런 결론이, 저럴 때는 저런 결론이 타당하다는 식의 주장이 법의 세계를 지배하게 되면 사람들은 법으로부터 명확한 행위기준을 끌어낼 수 없게 된다. 무릇 법은 명확해야 하고, 그것이 요구하는 바가 분명해야 한다. 그래서 필요한 법이념이 법적 안정성이다.

법적 안정성은 넓게 보아 평화와 안정과 질서유지를 의미하며, 이는 인간사회의 모든 단계에서 추구되어 왔던 법가치라고 할 수 있다. 법이 없는 자연상태에서 서로에 대해 늑대였던 인간들은 각자의 생명과 안위를 위해 약속을 한다. 네가 나를 공격하지 않는 한 나도 너를 죽이지 않겠다. 그리고 그 약속을 담보하기 위해 정치사회, 곧 국가가 결성되고, 그 국가에 의해 법이 제정되고 집행된다. 그런데 만약 위의 약속이 쉽게 깨어진다면 어떻게 될까? 다르게 생각하는 사람들도 있지만, 대개의 사람들은 약속의 파기(破棄)는 인간사회의 평화를 위협한다고 보았다.

여러분의 이해를 돕기 위해 예를 하나 들어보자. 울산을 장악하고 있는 조직폭력단이 어느 날 울산대로 쳐들어와 총장실을 점거하고 대학본부를 장악했다. 조폭과 싸울 수없는 나약한 교수들은 숨죽이고 지내면서 강의와 연구에 집중했다. 졸업생들이 배출되었다. 어느 날 경찰특공대가 조폭들을 진압해서 대학이 정상화 되었다. 조폭의 학교점거는 불법이었다. 따라서 조폭이 학교를 통제하던 기간에 이루어진 학사행정은 모두 무효인가? 그렇다면 여러분의 졸업도 무효가 될 것이고, 졸업예정자로서 취업한 직장에서 여러분의 '합격'이 취소될 것이다. 한국에서 불법적인 군사내란에 의해 집권한 세력이 통치하던 기간을 '헌정 중단 상태'로 성급하게 선언하기 어려운 이유가 바로 여기에 있다. 법적 안정성은 그 사회를 사는 사람들의 생활세계의 질서와 안정을 유지하는 매우 중요한 법이념이다.

그러나 법적 안정성은 법을 구성하는 내재적인 이념으로서 법의 필요조건이라고 할 수 있다. 법적 안정성은 질서와 평화를 가져다주지만 참된 평화와 질서를 보장하지는 않는다. 법적 안정성은 법을 완성하는 충분조건은 아니다. 일단 법질서가 존재하는 상태라면, 헌법의 최고이념으로 선언된 인간의 존엄과 가치가 실질적으로 보장되는 정의의 요구들을 우선적으로 고려해야만 한다.

| 토론주제 |

1. 자유지상주의 정의론과 공리주의 정의론의 문제점에 대해 토론해 보자.

2. 한국 법체계에서 롤스의 정의론이 갖는 의의에 대해 사례를 들어 토론해 보자.

3. 법적 안정성은 정의와 대립하는 이념인가에 대해 토론해 보자.

「**참고문헌**」

구스타프 라드브루흐 (최종고 편역), 법철학, 삼영사
마이클 센델 (이창신 역), 정의란 무엇인가, 김영사
마이클 왈쩌 (정원석 외 역), 정의와 다원적 평등, 철학과 현실사
존 롤스(황경식 역), 사회정의론, 서광사

제7장
법의 효력

1. 법 효력의 두 가지 차원

법규정의 의미와 내용을 현실적으로 실현되도록 하는 힘을 법의 효력이라고 한다. 약을 먹고 병이 나으면 약의 효력이 있다고 하는 것과 마찬가지로 법도 규정된 대로 실현될 때 효력이 있다고 한다. 즉, 죄를 지으면 처벌을 받는다고 법이 규정하고 있고 실제로 죄를 지은 사람이 생겼을 때 그 사람을 잡아다가 처벌을 하게 되면 그 법은 효력 있는 법이라고 할 수 있다.

그런데 법학의 세계에서는 이 문제와 관련하여 서로 다른 차원의 효력문제를 다룬다. 법이 언제, 어디서, 누구에게 효력을 발생하느냐의 차원과 법이 현실 속에서 실현되는 이유 내지 근거가 무엇이냐의 차원이 그것이다. 앞의 것을 법의 형식적 효력이라고 부르고 뒤의 것을 법의 실질적 효력이라고 부른다. 법의 형식적 효력부터 살펴보기로 하자.

2. 법의 형식적 효력(법의 효력범위)

1) 법의 시간적 효력

불문법의 경우에는 언제부터 효력이 발생하였는가를 정확히 알기 어렵다. 관습법은 이론적으로만 말하자면 국민의 법적 확신을 얻은 때부터 효력이 발생한다. 따라서 여기서는 성문법을 중심으로 효력의 발생과 소멸을 설명하기로 한다.

성문법의 효력은 시행일로부터 발생한다. 보통 시행일은 법의 부칙에서 따로 규정한다. 우리 헌법은 부칙 제1조에 "이 헌법은 1988년 2월 25일부터 시행한다."고 정하였다. 법이 만약 시행일을 정하지 않았을 때는 언제 효력이 발생하는가? 이런 경우는 거의 없지만 혹시라도 실수로 입법자가 시행일을 명시하지 않은 때에는 법률의 경우 공포 후 20일을 경과한 때에 효력을 발생하도록 하고 있지만(헌법 제53조 7항: 법률은 특별한 규정이 없는 한 공포한 날로부터 20일을 경과함으로써 효력을 발생한다) 실제로 이 규정이 적용된 예는 거의 없다.

성문법은 반드시 공포(公布)라는 절차를 거친다. 공포되지 않은 법은 효력이 발생하지 않는다. 법안의 공포는 관보(官報)에 한다. 법의 공포와 시행(발효) 사이의 기간을 주지기간(周知期間) 또는 시행유예기간이라고 하는데 국민들에게 새로 제정 또는 개정된 법의 내용을 알리는 기간이다. 이 주지기간이 거의 없을 수도 있고 몇 년이나 될 때도 있다. "이 법은 공포와 동시에 시행한다"라고 정하는 때에는 주지기간이 없는 경우이고, 호주제도를 폐지한 민법개정법률은 2005년 3월 31일에 공포되었는데 그 시행은 2008년

1월 1일로 하여 거의 3년 가까이 주지기간을 둔 경우이다.

성문법은 시행일로부터 장래를 향하여 효력이 발생하는 것이 원칙이지만 시행일 이전부터 소급하여 효력을 발생시키는 경우가 있다. 이를 소급효(遡及效)라 한다. 법적 안정성의 관점에서 보면 소급효를 인정하지 않는 것이 좋으므로 법의 세계에서는 '소급효금지의 원칙'이라는 것이 있다. 형법의 세계에서는 '형벌불소급의 원칙'이라고 하여 '죄형법정주의' 원칙에 따라 이 원칙이 절대적으로 인정된다. 그러나 형법 이외의 법분야에서는 소급효를 인정하는 것이 더 타당한 때에는 소급효를 인정하는 경우가 있다. 민법은 부칙에서 "본법은 특별한 규정이 있는 경우 외에는 본법시행일 전의 사항에 대하여도 이를 적용한다. 그러나 이미 구법에 의하여 생긴 효력에 영향을 미치지 아니한다."(제2조)고 규정하여 소급효를 인정하였다.

법을 제정 또는 개정할 때 시행일 전후에 걸쳐 계속되는 사항이 생길 수 있다. 이렇게 구법시대와 신법시대 양쪽에 다 해당되는 사항에 대하여 어떤 법을 적용할 것인가를 정하는 규정을 경과법 또는 경과규정이라고 한다. 보통 부칙으로 정하는데 입법자는 이러한 경우에 대하여 세심한 주의를 기울여야 한다. 헌법이 개정될 때에도 헌법의 적용을 받는 공무원들의 임기와 헌법기관들의 존속기간에 대한 경과규정을 부칙에 두었다(부칙 제4조 ① 이 헌법시행 당시의 공무원과 정부가 임명한 기업체의 임원은 이 헌법에 의하여 임명된 것으로 본다. 다만, 이 헌법에 의하여 선거방법이나 임명권자가 변경된 공무원과 대법원장 및 감사원장은 이 헌법에 의하여 후임자가 선임될 때까지 그 직무를 행하며, 이 경우 전임자인 공무원의 임기는 후임자가 선임되는 전일까지로 한다.).

성문법은 일정한 사유가 발생하면 그 효력이 소멸된다. 다음과 같은 5가지 경우를 들 수 있다.

첫째, 폐지법을 만드는 경우이다. 특정 법이나 특정 법조항을 폐지하는 법을 입법기관에서 통과시키면 그 법(조항)의 효력이 소멸된다. 「○○법 폐지법률안」 또는 부칙에서 "제○○조를 폐지한다"는 「○○법 개정법률안」을 통과시킨다.

둘째, 한시법(限時法)의 경우이다. 처음 법의 제정시부터 법의 존속기간을 정하는 법을 한시법이라고 하는데 정해진 법의 존속기간이 만료하면 그 법의 효력은 자동적으로 소멸한다. 노무현 정부가 들어서서 추진한 지방분권정책을 뒷받침하는 「지방분권특별법」을 예로 들 수 있다. 이 법은 부칙에 "이 법은 시행일부터 5년간 그 효력을 가진다"고 규정하고 있다.

셋째, 위헌법률심판 또는 위헌명령규칙심판의 결과 위헌으로 결정되면 해당 법 또는 법조항은 그 결정이 있은 날로부터 효력이 소멸한다.

넷째, 법의 제정목적이 달성되거나 조건이 성취되는 경우이다. 예를 들어 「남북교류협력에 관한 법률」은 남북한이 통일되면 그 법의 존재의 근거가 되는 분단상태가 사라졌으므로 효력이 소멸된다.

다섯째, 구법과 다른 내용을 가진 신법을 제정하는 경우이다. 같은 사항에 관하여 다른 효과를 발생시키는 법을 제정하게 되면 신법우선의 원칙이 적용됨으로써 구법의 효력이 상실된다. 다만 이 경우에는 신법이 폐지되면 구법의 효력이 되살아난다. 그러므로 이 경우는 정확히 말하면 구법의 효력이 완전히 소멸하는 것이 아니라 신법이 존재하는 동안 효력이 중단되는 것이라고 할 수 있다.

2) 사람에 관한 효력

법의 사람에 대한 효력은 속지주의(屬地主義)를 우선으로 하고 속인주의(屬人主義)를 보충적으로 적용하는 것이 원칙이다. 즉 대한민국의 영역 안에 있는 모든 사람에게 대한민국의 법이 우선 적용된다. 그리고 대한민국 밖에 있는 대한민국 국민들에게도 대한민국 법을 적용할 수 있다. 대부분의 국가에서도 이러한 것이 원칙이다.

사람에 관한 법의 효력에는 예외가 있다.

외교특권과 외교면제의 대상이 되는 외교사절에 대해서는 대한민국 영역 안에 있더라도 대한민국의 법을 적용하지 않는다.

외국인에게는 대한민국 국민에게만 적용되는 법규정을 적용하지 않는다. 선거권이나 국민투표권을 부여하지 않는다든가 사회보장수급권을 당연히 인정받지 못한다든가 하는 경우이다.

대한민국 국민이라 할지라도 모든 대한민국 법이 적용되는 것은 아니다. 사람에 관한 특별법은 그 적용대상자에게만 적용된다.

3) 장소에 관한 효력

대한민국의 법의 효력은 대한민국 영역(領域)에 대하여 효력을 가지는 것이 원칙이다. 영역에는 영토(領土), 영해(領海), 영공(領空)이 있다. 우리 헌법은 "대한민국의 영토는 한반도와 그 부속도서로 한다"(제3조)고 규정하고 있고 영해에 대해서는 「영해및접속수역법」에서 "대한민국의 영해는 기선으로부터 측정하여 그 외측 12해리의 선까지에 이르는 수역으로 한다. 다만, 대통령령이 정하는 바에 따라 일정 수역에 있어서는 12해리 이내에서 영해의 범위를 따로 정할 수 있다"고 규정하고 있다. 영공에 관한 법규정은 없고 관리가능한 영토와 영해의 직상공을 영공으로 보는 국제관례에 따르고 있다.

헌법의 영토규정과 관련하여 북한지역은 대한민국 영토인가 아닌가 하는 문제가 어려운 문제로 제기되어 있다. 헌법재판소와 대법원은 북한지역도 대한민국 영토의 일부분이고 북한은 대한민국의 영토의 일부를 불법적으로 강점하고 있는 집단이라고 하고 있는데, 학자들은 다양한 학설을 제기하고 있다. 이에 관한 자세한 내용은 헌법학에서 다루고 있으니 참고하기 바란다.

장소에 관한 효력의 예외로서, 외국에 있는 대한민국 국민에게 대한민국 법을 적용할 수 있고, 대한민국 영역에서 외교특권, 외교면제 대상자에게는 대한민국 법의 적용을 배제하는 것은 사람에 대한 효력에서와 마찬가지이다.

공해상에 있는 선박이나 비행기에는 어떤 국가의 법을 적용하나? 어느 국가의 영해나 영공 안에 있는 때에는 당연히 그 국가의 법을 적용하지만 공해상에 있을 때에는 그 선박이나 항공기의 소속국의 법을 적용한다.

3. 법의 실질적 효력(법의 타당성의 근거)

법이 현실 속에서 실현되는 근거가 무엇인가를 밝히는 작업을 법학에서는 법의 실질적 효력이라고 한다. 이 실질적 효력 문제도 엄밀히 분석해 보면 두 가지 측면이 있는데, 법이 규정하고 있는 내용이 현실적으로 잘 지켜지고 있느냐의 측면(이를 실효성이라고 한다)과 법의 내용이 '법답게' 되어 있느냐의 측면(이를 타당성이라고 한다)이 그것이다. 입법기관이 법을 잘 만들어 놓았는데 집행기관이 이 법을 집행하지 않는다거나 법위반에 대한 제재규정을 두고 있지 않다면 이 법은 실효성이 없게 된다. 형법에 낙태죄를 규정해 놓았는데 아무도 이 규정에 의해 처벌되지 않는 상황을 생각해 보라. 사실상 이 규정의 실효성은 없다고 볼 수 있다. 이에 반하여 입법기관이 이상한 법규정을 만들어 놓음으로써 수범자(受範者)가 전혀 지키지 않으려고 하거나 지키기를 거부한다면 이 법의 실효성은 있을지 모르지만 그 규범적 타당성은 없는 법이 된다. 2007년 대통령 선거를 앞두고 노무현 대통령이 상대정당 대통령 후보자들을 비난하고 그 정책들에 대해 비판하자 중앙선거관리위원회는 대통령에 대하여 선거법상 공무원의 선거중립성의무 위반이라고 경고하였다. 그러자 노무현 대통령은 세계 어느 나라 법이 정치인인 대통령에 대하여 상대정당이나 대통령 후보들에 대해 비판하지 못하게 하느냐고 하면서 대통령의 선거중립의무를 적용하는 것은 잘못이라고 반박하였다. 노무현 대통령은 대통령의 선거중립의무를 강요하는 선거법조항이 타당하지 않다고 생각한 것이다.

이처럼 법의 효력에 관해서는 실효성의 측면과 타당성의 측면이 중첩되어 있다. 두 측면이 모두 존재할 때 법은 효력이 있다고 말할 수 있는 것이다. 도덕규범은 타당성은 있으나 실효성이 없고 깡패의 폭력은 실효성은 있으나 타당성이 없다. 그 어느 경우에도 효력이 있다고는 말하지 않는다.

법학자들은 법으로 하여금 효력이 생기도록 하는 근거, 즉 법의 타당성의 근거가 무엇인가를 밝혀보려고 노력해 왔다. 이에 관하여는 많은 이론들이 있다.

법의 타당성의 근거는 법 그 자체에서 나온다는 이론(법률적 효력설), 법 이외에 힘(실력)이나 국민의 승인 등에서 나온다는 이론(사회학적 효력설), 법보다 고차적인 가치에서 나온다는 이론(철학적 효력설) 등이 있는데 이에 대하여는 법철학 과목에서 자세히 배우게 된다.

| 토론주제 |

1. 우리나라에서 소급입법으로 과거사를 처벌하였던 사례들을 조사하여 보자.

2. 헌법의 영토규정에 따라 북한지역에도 우리나라 법을 적용할 수 있는가 알아보자.

「참고문헌」

헌법 교재들
라드브루흐 외 (최종고 역), 법철학, 삼영사
심헌섭, 법철학 I, 법문사

제8장

법의 적용과 해석

1. 법해석은 왜 필요한가?

법학은 한마디로 법해석학이다. 물론 입법학이라 하여 법제정에 관한 학문도 생겨나고 있지만, 법학의 주류는 여전히 법의 적용과 해석이다. 무엇을 해석하는가? 법률용어와 그것들로 구성된 법률문장이다. 그래서 법학은 법률문장을 해석하여 해당 사건에 적용하는 일을 그 일차적 사명으로 삼고 있다. 그런데 대개의 법률용어, 법률문장은 일반인이 이해하기 매우 힘들게 되어 있다.

> 가압류, 가처분, 간접정범, 감정증인, 검사동일체의 원칙, 경락기일(競落期日), 경성(硬性)헌법, 계쟁물(係爭物), 고소 . 고발, 공권, 공동정범, 공서양속(公序良俗), 공소기각, 공소시효, 공정력, 공중접객업자, 공취, 교사, 구성요건적 착오, 구약식(求略式), 구체적 권리, 국가소추주의, 국제사법, 국제인도법, 귀책근거, 규

문주의, 금반언의 법리, 금치산자, 기각, 기소전보석, 기속재량·공익재량, 기판력, 긴급피난……

어느 법학개론 교재 색인란의 'ㄱ' 항목에서 얼추 추려본 것이다. 여러분들은 몇 개의 단어를 이해하겠는가? 외국어보다도 어려우면 어려웠지 쉽지는 않을 것이다. 다음은 법률문장의 예이다.

구민법 제844조【부(夫)의 친생자(親生子)의 추정(推定)】① 처가 혼인 중에 포태한 자는 부의 자로 추정한다.

무슨 말인가? 몇 번을 읽어보아도 그 뜻은 오리무중이다. 법이라는 것이 원래가 현실의 구체적 상황을 '추상'한 것이어서 그 용어 또한 추상적인 것은 사실이다. 그래도 보통의 국민이 도저히 이해하기 힘든 용어와 문장이라면 이것은 문제가 있다. 그래서 법률용어와 법률문장이 보다 쉬워졌으면 하는 바램을 갖게 된다. 법해석이 판사·검사·변호사와 같은 직업법률가만의 일은 아니기 때문이다.

그런데 아무리 법률용어와 법률문장을 쉽게 만들어도 여전히 법은 해석을 필요로 한다. 법률용어와 문장은 상황에 따라 이렇게도 또 저렇게도 해석될 수 있는 경우가 많기 때문이다. 청소년보호법 제30조를 살펴보기로 하자.

제30조(청소년유해행위의 금지) 누구든지 청소년에게 다음 각 호의 어느 하나에 해당하는 행위를 하여서는 아니 된다.

1. 영리를 목적으로 청소년으로 하여금 신체적인 접촉 또는 은밀한 부분의 노출 등 성적 접대행위를 하게 하거나 이러한 행

위를 알선 · 매개하는 행위

2. 영리를 목적으로 청소년으로 하여금 손님과 함께 술을 마시거나 노래 또는 춤 등으로 손님의 유흥을 돋우는 접객행위를 하게 하거나 이러한 행위를 알선 · 매개하는 행위
3. 영리나 흥행을 목적으로 청소년에게 음란한 행위를 하게 하는 행위
4. 영리나 흥행을 목적으로 청소년의 장애나 기형 등의 모습을 일반인들에게 관람시키는 행위
5. 청소년에게 구걸을 시키거나 청소년을 이용하여 구걸하는 행위
6. 청소년을 학대하는 행위
7. 영리를 목적으로 청소년으로 하여금 거리에서 손님을 유인하는 행위를 하게 하는 행위
8. 청소년을 남녀 혼숙하게 하는 등 풍기를 문란하게 하는 영업행위를 하거나 이를 목적으로 장소를 제공하는 행위
9. 주로 차 종류를 조리 · 판매하는 업소에서 청소년으로 하여금 영업장을 벗어나 차 종류를 배달하는 행위를 하게 하거나 이를 조장하거나 묵인하는 행위

사실 밑줄 친 부분과 같은 법률용어나 문장을 어쩔 수 없이 사용해야 할 때가 있다. 입법자가 일일이 이것은 '불량감자, 저것은 아니야'라고 지정해 줄 수는 없기 때문이다. 다시 말해 앞으로 발생할 모든 분쟁을 미리 예상하여, 그러한 문제들이 이렇게 또는 저렇게 해결되어야 한다고 미리 법률에 규정해두기는 어려운 것이다. 그래서 위의 밑줄 친 부분과 같은 표현들을 사용하게 되는데, 이것을 '불확정개념'이라고 한다. 위에서 보았듯이 19세 미만의 사람을 청소년이라고 규정한 청소년보호법 제2조처럼 형식이나 절차에 대해 규정한 법조문들은 대개 그 의미가 분명하다. 반면 위의 밑줄

친 예처럼 실질적인 내용규정으로 들어가게 되면 그 의미가 불분명한 법조문들이 된다.

어쨌건 어떤 경우에 필요하다고 인정되는 상당한 이유가 있을 때에 해당하는지, 청소년에게 음란한 행위를 하게 하는 행위에 해당하는지, 청소년에게 풍기를 문란하게 하는 영업행위를 한 경우에 해당하는지 여부에 대하여 그 누군가가 판단을 내린다면 그는 법해석을 하고 있는 셈이다.

그러한 판단 - 즉 해석들은 말의 언어적 의미를 묻는 것이 아니라 언어의 상황적·시대적 의미를 묻게 될 것이다. 그래서 해석은 해석자가 처한 상황·시대적 가치와 관련되어 있으며, 해석자의 세계관에 따라 다른 결과를 낳는다. 사람들이 법의 해석은 단지 언어학, 문장론의 문제가 아니라 철학, 세계관의 문제라고 말하는 이유가 여기에 있다. 법의 해석은 특정한 법 또는 법체계에 대한 '자기고백(自己告白)'의 성격을 강하게 띠고 있다는 지적도 같은 맥락에서 이해할 수 있다.

> 어떤 이는 법의 해석이란 "우리가 처한 역사적. 시대적 및 사회적 여건 하에서 법의 의미를 발견해내는 문제이고, 그리고 가능한 여러 가지 의미 가운데 타당한 단 하나의 선택을 행한다는 의미에서 그것은 또한 결단의 문제"1)라고 말했다.

---

1) 최대권, 사례중심 헌법학, 박영사, 1998, 20쪽.

2. 법해석의 방법

법의 해석이란 쉽게 말해 실정법 조문(條文)을 발생한 사건에 적용시키는 일이다. 그럼 일단 법조문의 구조를 한 번 살펴보자.

> 형법 제331조의2(자동차 등 불법사용) 권리자의 동의없이 타인의 자동차, 선박, 항공기 또는 원동기장치자전차를 일시 사용한 자는 3년 이하의 징역, 500만원 이하의 벌금, 구류 또는 과료에 처한다.

위의 법조문 중에서 '권리자의 ~ 사용한 자는' 까지를 구성요건부분이라고 한다. 그 이하는 법률효과부분이라고 한다. 그러니까 법해석은 어떤 사건이 발생하면 그것이 구성요건에 해당하는지를 살펴보고 그리고 난 뒤 그에 해당하는 법효과를 부여하는 과정으로 이루어져 있다고 일단 이해하면 된다. 이 구성요건부분을 대전제라 하고 발생한 사건은 소전제 그리고 그것을 대전제에 적용하여 법효과를 부여하면 그것이 결론이 된다. 이러한 삼단논법 즉 대전제-소전제-결론의 도출과정을 법에서는 포섭(包攝) (Subsumption) 이라고 한다. 간단하다. 법관들이 처리하는 대부분의 사건들은 이처럼 간단한 삼단논법으로 끝난다.

예전에 어떤 무속인이 이순신 장군의 묘에다가 여러 개의 식칼을 꽂아 넣어 떠들석했던 적이 있었다. 이를 모방한 행동이 잇따르기도 했다. 자 이런 사건을 염두에 두면서 갑과 을이 각각 이순신 장군의 묘와 동네 뒷산의 감순신 장군의 묘에다 식칼을 꽂았다고 가정해보자. 이순신 장군의 묘는 문화재로 지정되어 있고 감순신 장군의 묘는 그렇지 않다. 갑과 을은 어떠한 처벌을 받을 것인가?

결론부터 말하면 갑은 처벌되나 을은 처벌되지 않는다. 갑의 행위는 문화재보호법 제81조를 위반하여 국가 등이 지정한 문화재를 손상(損傷)시킨 것에 해당하지만 을의 행위는 그에 해당하지 않기 때문이다. 그렇다고 을의 행위가 형법 제161조의 사체 등의 손괴(損壞)에 해당하지도 않는다. 을은 그냥 식칼만 꽂았지 유골의 일부를 분리하는 등의 행위를 한 것은 아니기 때문이다. 그리고 형법 제366조의 재물손괴죄에 해당하지도 않는다. 전문용어를 사용하여 설명하면 을의 행위는 어떠한 범죄구성요건도 충족시키지 못했다. 그래서 그는 형사상 처벌을 면하게 된다. 이것을 법에서는 죄형법정주의(罪刑法定主義)라고 하여 근대형법의 기초로 삼고 있다.

그래서 이번에는 을의 행위를 괘씸하게 생각한 감순신 장군의 후손들이 문화재보호법 제81조를 유추(類推)해서 을을 처벌해 달라고 사법당국(司法當局)에게 요청했다고 하자. 이 경우 사법당국은 어떻게 이 사건을 처리해야 할까? 결론부터 말하면 형법에서 유추해석은 금지되므로 감순신 장군의 후손들이 한 그러한 요청은 기각(棄却)된다.2)

유추해석이란 ① 어떤 사안을 처리할 법규정이 전혀 없고, ② 법규정을 그처럼 흠결된 상태로 둔 것이 입법자의 의도가 아니고 ③ 법적으로 규율된 사안(A)과 그렇지 않은 사안(B)을 비교해봤을 때 양자의 이해상황이 같은 종류의 것일 때 B를 A의 적용 법조문에 따라 해결하는 것을 말한다. 유추해석을 통해 새로이 형벌을 부과하거나 형을 가중(加重)하는 것은 죄형법정주의의 대원칙에 어긋난다고 하여 형법에서는 이를 엄격히 금하고 있다.

2) 물론 이 경우 감순신 장군의 후손들은 을을 상대로 민사상 손해배상청구권을 행사할 수는 있다. 형사제재와 민사제재는 별개이기 때문이다.

앞의 무속인 사례는 비교적 단순한 포섭으로 문제가 해결된 경우이다. 그러나 단순포섭으로 문제를 해결할 수 없을 때도 왕왕 있다. 예를 들어 형법 제329조가 타인의 재물을 훔치지 말라고 했다면, 법관은 수확전의 곡물이나 전기가 동산인지, 타인의 자전거를 일시 사용하는 것이 절취에 해당하는지에 대해서 판단해야 한다. 물론 입법자가 이런 모호한 문제를 해결할 답을 직접 법률에 규정하는 수도 있다.

예를 들어 '셀프 주유소'에 들러 자기 차에다 주유한 후 기름값을 지불하지 않고 그냥 간 경우 형법상 어떤 처벌을 받게 될까? 절도? 횡령? 사기? 아니면 아예 죄가 되지 않는가? 이 문제의 답을 찾는 과정에서 학자들조차도 의견의 일치를 보지 못했다. 그래서 입법자는 아예 이런 경우에 대처하기 위해 법조문을 새로 하나 만들었다. 형법 제348조의2 편의시설부정이용죄이다: "부정한 방법으로 대가를 지급하지 아니하고 자동판매기, 공중전화 기타 유료자동설비를 이용하여 재물 또는 재산상의 이익을 취득한 자는 3년 이하의 징역, 500만원 이하의 벌금, 구류 또는 과료에 처한다." 이 죄는 사기죄의 장(章)(제39장)에 편입되어 있으므로 우리나라에서는 이러한 행위를 법이론적으로 사기로 보는 것 같다.

그러나 입법자라 하더라도 모든 사안을 구체적으로 전부 규율할 수는 없으므로 당해 법규정의 적용과 관련하여 구체적인 사례에서 새로운 의문은 항상 나타나게 되어 있다. 이러한 의문을 해결하기 위해서 여러 소전제를 만들어내게 되는데 - 즉 전기는 동산이다라고 규정짓는 것 - 이는 법적용단계에서는 필수적인 것이다. 법학자들은 이를 법규범의 '구체화'라고 한다.

어쨌건 이러한 소전제를 만들어내는 작업, 즉 법의 구체화를 위해 동원되는 해석법으로 로마시대부터 전해져오고 있는 원칙이 있다. 이른바 문리해석-논리해석-목적론적 해석-역사적 해석이 그것이다.

먼저 문리해석(文理解釋)이다. 문법적 해석이라고도 한다. 이에 따르면 우선은 일반적인 언어 관용(慣用)에 따라 법조문의 의미를 확정하는 작업이 이루어진다. 그러나 법조문이 전문적인 용어들을 사용하고 있는 경우에는 법학에 특유한 개념정의에 따라 해석을 하여야 한다. 선의(善意)와 악의(惡意)가 그 대표적인 예인데, 일반적인 언어 관용에 따르면 '착한 뜻, 좋은 뜻 ; 나쁜 뜻, 나쁜 의도'가 되겠지만 법의 세계에서는 다르게 해석한다. 선의란 어떤 사정을 알지 못하는 것이고, 악의는 이를 알고 있는 것을 말한다.

> 헌법 제16조에 따르면 모든 국민은 주거의 자유를 침해받지 아니한다. 그리고 주거에 대한 압수나 수색은 검사의 신청에 의하여 법관이 발부한 영장에 의해서만 하도록 되어 있다. 그런데 텐트가 주거에 해당하는가 하는 문제가 제기되었다고 해보자. 이 문제에 답하려면 '주거'라는 개념을 어떤 식으로든 해석해야 한다. 일반사람들이 이해할 때 주거는 그곳에서 사람이 살 수 있는 곳 — 그것이 비록 일시적이더라도(캠핑 차, 수상주택 등) — 을 가리킨다. 그리고 사람이 살지 않는 장소는 주거에서 빠진다. 우편함, 개집, 자동차 등. 그렇다면 텐트는 비록 동산(動産)의 형태이지만 말의 의미상 헌법 제16조에서 말하는 주거에 해당한다. 이처럼 문리해석은 단어의 뜻을 일반적인 언어관행을 통해 밝혀내는 것이다. 물론 일반적으로 그 단어의 뜻에 포함되지 않는 것은 빼버려야 한다.

다음은 논리해석(論理解釋)이다. 민법이면 민법, 형법이면 형법과 같은 단일한 법분야와 이들 법분야들이 모여 이루어진 법전체는 일종의 논리적 체계를 구성하고 있다. 그러므로 하나의 법조문을 해석할 때에도 그 법조문에 있는 단어의 뜻에만 신경 쓸 것이 아니라 전체적인 의미연관성을 고려해야 한다. 이렇게 하는 것이 논리해석인데 전체 체계를 고려하여 한 단어나 문장의 의미를 해석한다 하여 체계적 해석이라고도 한다. 비유를 하자면 이렇다. 클래식 음악은 똑같은 작품이라도 연주자, 지휘자에 따라 그 맛이 다르다. 각각 다른 해석을 하기 때문이다. 악보를 보면 음표와 음절이 있고 빠르게 하라는 둥, 노래부르듯이 연주하라는 둥 여러 가지 주문을 하고 있다. 빠르게 한다면 얼마나 빠르게? 여기서 각 연주자, 지휘자의 해석이 나오는 것이고 그에 따라 똑같은 4분음표라도 그 빠르기가 다르게 되는 것이다. 그러니까 악보의 특정 부분에 위치해 있는 4분음표의 길이는 전체 곡의 흐름 속에서 결정되는 것이고, 이 경우 연주자는 체계적 해석, 즉 논리해석을 한 셈이 된다.

이러한 해석방법은 동일한 개념이 동일한 법률 혹은 다른 법률에서 사용되고 있을 때 특히 필요해진다. 헌법의 조문을 보면 국민이라는 표현이 여러 군데에서 나온다. 예를 들어 헌법 제1조 제2항은 "대한민국의 주권은 국민에게 있고, 모든 권력은 국민으로부터 나온다."고 하고 있고, 헌법 제10조는 "모든 국민은 인간으로서의 존엄과 가치를 가지며…."라고 되어 있다. 국민이라는 똑같은 표현에도 불구하고 전자는 대한민국국민을 후자는 모든 인간을 의미하는 것으로 해석하는 것이 논리해석이다. 외국인도 똑같이 존엄하고 가치로운 존재이기 때문이다.

법학 교과서를 읽다보면 개념규정을 할 때 넓게 이해하면 이렇고, 좁게 파악하면 이렇다는 식의 설명을 자주 접하게 된다. 이것도 일종의 논리해석이라고 할 수 있다. 다른 한편 이는 동일한 개념이라도 입법의 목적을 생각하여 다르게 해석한다는 점에서 목적론적 해석에도 가깝다고 할 수 있다.

> 형법에 보면 여러 곳에서 '폭행'(暴行)이라는 개념을 쓰고 있다. 학설은 각 구성요건의 성격과 보호법익에 따라 이를 크게 네 가지의 범주로 나누어 해석하고 있다. 이 개념은 소요죄(형법 제115조), 다중불해산죄(제116조)에서 가장 넓게 해석되고, 강도죄(제333조), 강간죄(제297조)에서 가장 좁게 해석된다. 다시 말해 소요죄에서는 사람에 대해서건 물건에 대해서건 유형력(有形力)을 행사하면 모두 폭행에 해당한다. 그러나 강간죄의 해석에서 폭행개념은 그 성립요건이 아주 제한되어 있어 물건에 대한 유형력 행사는 폭행에 해당하지 않고 오로지 사람에 대해서, 그것도 반항을 불가능하게 하거나 현저히 곤란케 하는 유형력의 행사일 때만 폭행이 된다. 그 결과 국가기능을 위협하는 폭행은 쉽게 인정되는 반면, 여성의 성적 자기결정권을 침해하는 강간의 경우에는 폭행의 성립이 매우 어렵게 되어 있다. 학설과 판례가 왜 이처럼 폭행개념을 범죄 구성요건에 따라 각각 다르게 해석하는지에 대해 토론해 보자.

문리해석과 논리해석을 거쳤는데도 제대로 답이 나오지 않으면 법률의 의도, 법제정자의 의도 등을 살펴보는 단계로 넘어가게 된다. 전자를 흔히 목적론적 해석이라고 하고 후자를 역사적 해석이라고 한다. 목적론적 해석은 개별 법규가 보호하고자 하는 법익(法益), 당해 규범의 목적을 고려하는 해석방법이다. 그래서 목적론적 해석은 입법의 취지(ratio legis)를 밝혀내는 작업이라고도 한다. 목적론적 해석을 할 때에는 다음과 같은 두 가지 사항을 항상 생각해야 한다. ① 당해 법조문의 배후에는 어떤 이해관계가 깔려 있는가, 그리고 이에 대해 입법자는 어떤 평가를 했는가? ② 구체적 사건에서 그러한 평가대로 법을 해석하는 것이 규범의 목적에 충실한 것인가?

예를 하나 들어보자. 앞에서 문리해석을 설명하면서 텐트가 주거의 개념에 해당하는가 하는 문제를 생각해 보았다. 이 경우 만약 문리해석을 통해 답이 나오지 않았다고 가정한 채 목적론적 해석을 해 보면, 주거의 자유는 주거자의 사적 공간을 보호하고, 영장을 통해서만 그 자유를 제한하도록 하는 데 입법목적이 있음을 쉽게 알 수 있다. 그렇다면 호화주택에 살고 있는 사람이건 텐트에 살고 있는 사람이건 주거의 자유를 보호해야 하는 것이 입법목적에 부합하는 해석이 될 것이다. 이렇게 본다면 목적론적 해석에 의하더라도 텐트거주자는 주거의 자유에 의해 보호된다.

어떤 사람이 술을 마시고 각각 음식점 앞 주차장과 자기집 아파트 단지 내 도로에서 운전을 했다. 보통의 언어관행에 따르면 음주운전에 해당한다. 그러면 이런 행위는 모두다 도로교통법상의 음주운전에 해당할까? 이 법에 따르면 누구든지 '도로' 상에서 음주상태로 자동차 등을 운전하면 처벌받는다. 그렇다면 문제는 도로라는 단어의 해석이다. 도로란 말은 어린 아이도 안다. 그러나 이 말을 아무리 문법적으로 해석해도 이 사례에 적합한 답을 얻기는 어렵다. 도로교통법 제2조 제1호는 "도로란 도로법에 의한 도로, 유료도로법에 의한 유료도로 그 밖의 일반교통에 사용되는 모든 곳"이라고 정의되어 있다.[3] 그렇다면 음식점 주차장은 일반교통에 사용되는 곳일까? 아파트 단지 내 도로는 어떨까? 판례는 앞의 것은 아니라고 하고, 뒤의 것은 맞다고 한다.4) 이러한 법원의 판결을 목적론적 해석이라는 관점에서 평가해 보기 바란다.

반면 역사적 해석은 법제정자의 의사에 초점을 맞추는 해석이다. 그래서 이를 입법자의 의도(ratio legislatoris)를 밝혀내는 작업이라고도 한다. 이런 작업을 위해서 당해 법조문이 만들어질 당시의 토론이나 입법초안, 국회내 위원회의 보고서, 공식적인 입법취지 등을 살펴보는 발생사적(發生史的) 해석이 동원되기도 한다.

지금까지 소개한 네 가지 해석방법은 대체로 그 순서대로 써야 한다. 문리해석으로 되면 목적론적 해석까지 끌어들여서는 안 된다는 말이다. 왜냐하면 만약 법관이 법률의 문언(文言)에 맞지는 않지만 자기 나름대로 입법목적을 추측하여 자유롭게 목적론적 해석을 하게 된다면 입법자의 원래 의도가 자칫 왜곡될 수 있기 때문이다. 입법자는 국민의 대표로서 법을 만드는 것이므로, 법관이 자기 마음대로 전체 국민의 뜻과 다른 법해석을 해서는 안 된다. 물론 법의 이념에서도 잠깐 살펴본 것처럼 국민의 대표기관인 국회가 법을 제대로 만들지 않았다면 '현재'의 상황에 맞게끔 입법목적을 추측하여 목적론적 해석을 해야 할 경우도 있을 것이다.

---

3) 이처럼 입법자가 미리 법조문의 뜻을 풀어서 밝혀놓은 것을 입법자에 의한 유권해석이라고 한다.

4) 그러나 교통사고가 나면 사고지점이 어디였는가와 무관하게 사고를 낸 운전자는 책임을 져야한다. 위의 사례에서 주차장 내 음주운전자는 도로교통법 위반으로 처벌되지는 않을 뿐 만약 그가 사고를 내 상대방을 다치게 했다면 민사책임은 물론이고, 경우에 따라서는 교통사고처리특례법에 의한 형사책임을 질 수도 있다. 대학교 구내에서 일어난 교통사고의 경우도 마찬가지이다.

대법원(2013.1.17, 선고, 2011다83431, 전원합의체 판결)은 법의 해석을 다음과 같이 정리하고 있다.

> 법은 원칙적으로 불특정 다수인에 대하여 동일한 구속력을 갖는 사회의 보편타당한 규범이므로 이를 해석함에 있어서는 법의 표준적 의미를 밝혀 객관적 타당성이 있도록 하여야 하고, 가급적 모든 사람이 수긍할 수 있는 일관성을 유지함으로써 법적 안정성이 손상되지 않도록 하여야 한다. 한편 실정법은 보편적이고 전형적인 사안을 염두에 두고 규정되기 마련이므로 사회현실에서 일어나는 다양한 사안에서 그 법을 적용함에 있어서는 구체적 사안에 맞는 가장 타당한 해결이 될 수 있도록 해석할 것도 또한 요구된다. 요컨대 법해석의 목표는 어디까지나 법적 안정성을 저해하지 않는 범위 내에서 구체적 타당성을 찾는 데 두어야 한다. 나아가 그러기 위해서는 가능한 한 법률에 사용된 문언의 통상적인 의미에 충실하게 해석하는 것을 원칙으로 하면서, 법률의 입법 취지와 목적, 그 제·개정 연혁, 법질서 전체와의 조화, 다른 법령과의 관계 등을 고려하는 체계적·논리적 해석방법을 추가적으로 동원함으로써, 위와 같은 법해석의 요청에 부응하는 타당한 해석을 하여야 한다.

3. 법률가들이 행하는 법해석의 맹점

법해석은 어떤 사건이 발생하면 그것이 구성요건에 해당하는지를 살펴보고 그리고 난 뒤 그에 해당하는 법효과를 부여하는 과정이라고 했다. 이중에서도 법학자들은 법해석의 첫 번째 단계를 매우 중요하게 생각한다. 형법의 예를 생각해 보면 이는 자연 이해가 된다. 결론적으로 말해 어떤 사람이 처벌되는가 여부는 그 자의 행위가 구성요건에 해당하는가에 달려있다. Nulla poena sine lege, 법률 없으면 형벌도 없다. 그러니 구성요건에 대해서는 엄격하게 해석해야 한다. 이 점은 옳다. 그러나 그러면서도 법학자들은 형법의 법조문은 두 개의 부분으로 구성되어 있다는 사실을 종종 잊어버린다. 그리고 이 두 번째 부분에 대해서는 그저 설렁설렁 넘어간다. 구성요건에 대해서는 엄청 자세하게 개념법학적으로 살피다가도, 형벌부분은 대충대충 넘어가는 것이다.

살인죄의 법적 효과부분을 예로 들어보면 살인죄의 경우 형량은 사형, 무기 또는 5년 이상의 징역으로 되어 있다. 그런데 살인을 한 갑이 5년을 살지, 10년을 살지, 사형을 당할지, 무기징역형을 받을 지 알 수 있는 길은 없다. 거기에는 전혀 원칙이 없다. 구성요건에 관련된 해석과 판례는 엄청나다. 그러나 갑이 관심을 갖는 것은 도대체 몇 년을 감방에서 보내야 할까 하는 문제다. 이 부분을 법학에서는 양형(量刑)이라고 하는데 양형에 관련된 자료는 거의 없다. 물론 법원내부에는 양형에 관한 일정한 기준들이 마련되어 있다. 그런 기준들에 비추어 물론 자기가 몇 년 형을 선고 받을지를 대략 짐작할 수는 있다. 미결수(未決囚)로 갇혀 있을 때 감방선배들로부터 듣거나, 변호사가 대충 귀띔해 줄지도 모른다. 그러나 그것은 남대문시장의 물건 값처럼 대중이 없다. 그것은 판사에 따라 달라질 수 있는 경험적인 값이므로 무언가 합리적 기준을 찾아내기가 어렵다.

이렇게 들쭉날쭉한 형량에 대하여 국민들의 비판이 비등하여 사법에 대한 불신으로 이어지자 양형가이드라인(Sentencing Guide

-line)을 마련해야 한다는 주장이 점증하여 형을 정함에 있어 국민의 건전한 상식을 반영하고 국민이 신뢰할 수 있는 공정하고 객관적인 양형을 실현하기 위하여 2007. 1. 26. 법률 제8270호로 법원조직법을 개정하여 제8편에 양형위원회 규정을 신설하였다. 상세한 내용은 양형위원회 누리집에 들어가 살펴보기 바란다.

(https://sc.scourt.go.kr/sc/krsc/main/Main.work)

누리집에서 (양형기준이란?) 설명문은 "법관이 '법정형'(각 범죄에 대응하여 법률에 규정되어 있는 형벌) 중에서 선고할 형의 종류(예컨대, 징역 또는 벌금형)를 선택하고, 법률에 규정된 바에 따라 형의 가중·감경을 함으로써 주로 일정한 범위의 형태로 '처단형'이 정하여 지는데, 처단형의 범위 내에서 특정한 선고형을 정하고 형의 집행유예 여부를 결정함에 있어 참조되는 기준이 바로 양형기준입니다. 양형기준은 원칙적으로 구속력이 없으나, 법관이 양형기준을 이탈하는 경우 판결문에 양형이유를 기재해야 하므로, 합리적 사유 없이 양형기준을 위반할 수는 없습니다."라고 쓰고 있다.

이런 것이 법학이고, 이런 것이 법해석이다. 때로는 아주 세세한 부분까지도 합리적으로 따지면서도, 진작 중요한 부분은 아주 비합리적인 영역으로 남겨두는 법률가들이 하는 일은 매우 합리적인 것 같은데, 그들의 합리적인 일처리 뒤에 나오는 결론은 비합리적이라는 느낌을 받을 때가 종종 있다. '유전무죄, 무전유죄'라는 말도 그런 느낌을 확인해주고 있다. 왜 내가 그런 느낌을 갖게 되었을까 하고 진지하게 고민하다 보면 법학의 비밀에 조금씩 접근할 수 있게 되지 않을까?

| 토론주제 |

1. 법관마다 비슷한 사건에 대하여 형량에 다소 차이를 보이고 있다. 이러한 것을 막기 위하여 양형가이드라인을 만들 필요가 있는지 여부에 대하여 토론해 보자.

2. 음주 운전으로 운전면허취소를 받은 사람이 말을 타고 다니는 경우에 이를 허용할 수 있는지 여부를 생각해보자.

「참고문헌」

신동운 외, 법률해석의 한계, 법문사

이상돈, 법이론, 세창출판사

최대권, 사례중심 헌법학, 박영사

F. Muller 외(이덕연 역), 법텍스트와 텍스트작업, 법문사

제9장
법률관계와 권리·의무

1. 법률관계

사람의 다양한 사회생활 중에는 법에 의하여 규율되는 것이 있는가 하면 그렇지 않은 것이 있다. 이 중 특히 법에 의해 규율되는 생활관계를 법률관계라 한다. 법률관계는 당사자가 꾀하는 효과가 법의 힘에 의하여 보장되고 실현되는 점에서 다른 생활관계(도덕, 종교관계 등)와 구별된다. 예컨대 친구와 연극을 같이 보러가기로 약속한다든가 일요일에 교회예배에 참석하는 것 등은 법률관계가 아니지만, 여행을 가기 위해 배표를 산다든가 자취방에 대해 월세 계약을 하는 것은 법률관계인 것이다. 친구가 약속을 어긴다거나 신자가 일요예배에 불참한다고 해서 그것에 대해 법원에 소송을 제기하여 강제하거나 손해배상을 청구할 수 없고, 다만 도덕 등에 의한 비난만을 할 수 있을 뿐이다. 그러나 요금을 냈는데도 표를 주지 않거나 배가 떠나지 않는다든가, 계약을 체결한 집주인이 그

방을 다른 사람에게 임대해 준다면 당사자는 법의 힘을 빌려 그가 꾀하는 효과를 보장받을 수 있다.

법률관계는 사람의 생활관계의 일종이므로, 사람과 사람과의 관계, 즉 법에 의하여 구속되는 자와 법에 의하여 보호되는 자의 관계로 나타난다. 구속되는 자의 지위를 의무라고 하고, 보호받는 자의 지위를 권리라고 한다. 결국 법률관계는 권리 의무관계라고 할 수 있다.(예외도 있다. 가령 주소와 같은 것은 개개의 권리 의무관계라 할 수 없다.) 법률관계는 권리의 면에서 파악할 수도 있고 의무의 면에서 파악할 수도 있다.

2. 권리

1) 권리의 본질

권리의 본질에 관해서는 여러 견해가 있으나 보편타당한 견해는 아직 없다고 할 수 있다. 주요한 견해는 다음과 같다.

(1) 의사설

권리의 본질을 의사의 자유 또는 의사의 지배라고 보는 견해이다. 그런데 권리실현에 의사는 필요하겠지만, 가령 의사무능력자의 권리향유의 경우와 같이 의사가 권리실현에 반드시 수반되지 않는 경우도 있다. 따라서 의사의 존재를 권리의 본질이라고 볼 수는 없다.

(2) 이익설

권리의 본질을 법률상 보호되는 이익이라고 하는 견해이다. 이 설은 권리의 주체가 항상 수익주체와 동일주체일 것을 전제로 한다. 그러나 법률에 의한 이익보호는 반드시 권리라는 형태를 통하는 것이 아니고 법률에 대한 준수가 어느 특정인에게 권리는 되지 않지만 그 사람에게 이익이 되는 수가 있으므로(교통규칙에 대한 일반인의 준수는 어느 사람에게도 이익이 되는 일이지만 그렇다고 해서 그 이익의 향유자에게 주어진 권리는 아니다), 권리를 이익과 혼동할 수는 없다. 이익은 권리의 목적이며 권리는 분명히 이익을 위해서 존재하는 것이지만 이익은 권리 자체는 아니고 법률에 의하여 이익을 실현시켜주는 힘이 권리이다.

(3) 권리법력설

의사설과 이익설을 합한 것으로서, 권리를 일정한 이익을 누릴 수 있게 하기 위하여 법이 인정하는 힘(법적 힘 Rechtsmacht)이라고 보는 것이며, 오늘날 가장 유력한 설이라고 할 수 있다. 우리나라에서도 지배적인 견해이다.

2) 권리와 구별되는 개념들

(1) 권능

권리의 내용을 이루는 하나하나의 법률상의 힘(작용)을 말한다. 예컨대 소유권은 권리이지만, 그 내용인 사용권·수익권·처분권 등은 권능이다. 따라서 권리의 내용이 하나의 권능으로 되어 있는 경우에는 권리와 권능은 같다.

(2) 권한

권한이라 함은 타인을 위하여 그 자에 대하여 일정한 법률효과를 발생케 하는 행위를 할 수 있는 법률상의 자격을 말한다. 대리인의 대리권, 법인의 이사의 대표권, 사단법인 사원의 결의권, 선택채권의 선택권 등이 그 예이다. 그러나 권한을 가지는 자가 타인을 위하여 그러한 효과를 발생케 하는 데 있어서 이익을 가지는 때에는, 이를 권리라고 하여도 상관없을 것이다.

(3) 권리반사 내지 반사적 효과

법률이 특정인 또는 일반인에게 어떤 행위를 명하는 경우에, 다른 특정인이나 일반인이 어떤 이익을 누리게 되는 수가 있다. 이 때에 그 다른 특정인이나 일반인이 가지게 되는 이익적 지위를 권리반사(Rechtsreflex) 또는 반사권(Reflexrecht)이라고도 부른다. 법률규범의 반사적 효과로서 법률상의 인격자가 누리게 되는 이익이라는 데서, 단순히 반사작용(Reflexwirkung)이라고 일컫는다. 예컨대 공익을 위해 설치된 횡단보도 부근의 상인들이 횡단보도 유동인구에 의해 사실상 영업 이익을 누리게 되지만, 횡단보도가 이전하게 되더라도 자신들의 영업이익침해를 이유로 법원에 손해배상을 청구할 수 없다. 그것은 설사 반사권이라고 일컬어지는 일이 있다 하더라도, 결코 권리는 아니다.

3) 권리의 종류

법이 공법과 사법으로 나누어지는 데 따라 권리도 대체적으로 공법상의 권리인 공권과 사법상의 권리인 사권으로 구별된다. 최근에는 공·사법 이외에 사회법이 등장하여 사회법상의 권리인 사회권도 같이 거론되고 있다.

(1) 공권의 종류

공권은 공법에 의해 인정되는 권리이다. 즉, 국가나 지방자치단체와 같은 공공단체와 국민간의 관계, 국가와 공공단체와의 관계, 공공단체상호간의 관계에서 인정되는 권리이다. 또한 국제사회는 국가 간의 관계를 중심으로 성립되어 있으므로 그 곳에서 인정되는 권리도 공권이라 할 수 있다. 전자가 국내법상의 공권이며, 후자는 국제법상의 공권이다.

국내법상의 공권에는 국가나 공공단체가 가지는 국가적 공권과 국민이 국가나 공공단체에 대하여 가지는 개인적 공권이 있다.

(2) 사권의 종류

사권은 여러 가지 기준에 의해 나누어지는데 그 가운데에서 주요한 것은 다음과 같다.

① 내용에 의한 분류

사권은 그 내용이 되는 사회적 생활이익을 기준으로 하여 재산권 · 인격권 · 가족권 · 사원권으로 나뉘어 진다.

재산권: 재산권은 경제적 이익을 누리는 것을 목적으로 하는 권리이다. 그 대표적인 예로 물권, 채권, 무체재산권(지적 재산권)을 들 수 있다. 물권은 권리자 자신이 물건을 직접 지배해서 이익을 얻는 배타적인 권리이며, 우리 민법상의 것으로는 소유권, 점유권,

용익물권으로서의 지상권 · 지역권 · 전세권, 그리고 담보물권인 유치권 · 질권 · 저당권의 8가지가 있다. 채권은 특정인(채권자)이 다른 특정인(채무자)에 대하여 일정한 행위를 요구할 수 있는 권리이며, 그 모습은 매우 다양하다. 무체재산권(지적 재산권)은 정신적 · 지능적 창조물을 독점적으로 이용할 수 있는 권리이며, 저작권 · 특허권 · 상표권 · 의장권 실용신안권 등이 그에 속한다.

인격권: 인격권은 권리의 주체와 불가분적으로 결합되어 있는 인격적 이익을 누리는 것을 목적으로 하는 권리이다.

모든 개인이 사람으로서 주체성을 가지고 그 가치를 유지하는데 필요한 권리로서 구체적으로는 생명권, 신체권, 명예권, 초상권, 프라이버시권 등이 그 예가 된다. 인격권과 재산권이 결합한 형태로서의 권리로서는 퍼블리시티권(the right of publicity)이 있다. 이는 유명인이 자신의 성명이나 초상을 상품 등의 선전에 이용하는 것을 허락하는 권리이다.

가족권: 가족권에는 친족권과 상속권이 있다.

친족권은 친족관계에 있어서의 일정한 지위에 따르는 이익을 누리는 것을 내용으로 하는 권리로서, 친권 · 후견인의 권리, 배우자의 권리, 부양청구권 등이 이에 속한다. 상속권은 사람이 사망한 경우에 그 사망한 사람(피상속인)의 재산법상의 지위를 포괄적으로 승계하는 권리이다.

사원권: 단체의 구성원이 구성원이라는 지위에서 단체에 대하여 가지는 권리를 통틀어서 사원권이라고 한다. 사단법인의 사원의

권리, 주식회사의 주주의 권리 등이 그 예이다.

② 작용(효력)에 의한 분류

사권은 그 작용인 법률상의 힘 즉 효력을 기준으로 하여, 지배권 · 청구권 · 형성권 · 항변권으로 나누어진다.

지배권: 타인의 행위를 끌어들이지 않고서, 일정한 객체에 대하여 직접 지배력을 발휘할 수 있는 권리를 말한다. 물권은 가장 전형적인 지배권이며, 무체재산권 · 인격권도 이에 속한다. 친권 · 후견권 등도 비록 사람을 대상으로 하지만, 상대방의 의사를 억누르고 권리내용을 직접 실현하는 점에서 역시 지배권이라고 하는 것이 보통이다.

청구권: 특정인이 다른 특정인에 대하여 일정한 행위, 즉 작위 또는 부작위를 요구하는 권리가 청구권이다. 예컨대 청구권이 일정금액의 금전의 지급을 내용으로 하는 경우에 권리자는 의무자가 가지고 있는 금전 위에 직접 권리를 가지는 것은 아니며, 다만 의무자의 금전지급이라는 행위를 요구하는 권리를 가지는 데 지나지 않는다. 이 점에서 객체를 직접 지배하는 지배권과 근본적으로 다르다. 또한 청구권은 어떤 다른 권리를 기초로 하여 존재하는데 그 기초가 되는 권리에 따라 채권적 청구권, 물권적 청구권, 가족권에 기한 청구권으로 세분될 수 있다.

형성권: 형성권은 권리자의 일방적인 의사표시에 의하여 법률관계를 발생 · 변경 · 소멸시키는 권리이다. 형성권에는 권리자의 의사

표시만으로 효과를 발생시키는 것과 법원의 판결이 있어야만 효과를 발생하는 것이 있다. 동의권 · 취소권 · 추인권 · 해제권 · 상계권 등은 전자의 예이고, 채권자취소권 · 친생부인권 등은 후자의 예이다.

항변권: 항변권은 청구권의 행사에 대하여 그 작용을 저지할 수 있는 권리이다. 항변권은 상대방에게 청구권이 있음을 부인하는 것이 아니라, 오히려 그것을 전제하고 다만 그 행사를 배척하는 것이다.

항변권에는 청구권의 작용을 일시적으로 저지할 수 있는 연기적 항변권과 영구적으로 저지할 수 있는 영구적 항변권이 있다. 쌍무계약의 당사자가 가지는 동시이행의 항변권, 보증인의 최고 · 검색의 항변권은 전자의 예이고, 상속인의 한정승인의 항변권은 후자의 예이다.

③ 기타의 분류

절대권 · 상대권 : 권리에 대한 의무자의 범위를 표준으로 한 분류이다.

절대권은 누구에게나 주장할 수 있는 권리이고, 상대권은 특정인에게 대해서만 주장할 수 있는 권리이다. 절대권은 배타성이 있고, 상대권에는 배타성이 없다. 물권은 절대권의 예이고, 채권은 상대권의 예이다.

일신전속권 · 비전속권: 권리와 그 주체와의 긴밀의 정도를 표준으로 한 분류이다.

일신전속권은 성질상 권리자에게만 전속하여 양도나 상속으로 타인에게 이전할 수 없는 권리이고, 비전속권은 이전할 수 있는 권리이다. 인격권 이나 신분권은 대체로 일신전속권이고, 재산권은 대체로 비전속권이다.

주된 권리 · 종된 권리: 권리가 독립해서 존재하느냐 여부에 따른 분류이다.

다른 권리에 대하여 종속관계에 서는 권리를 종된 권리라고 한다. 즉, 그것은 주된 권리의 존재를 전제로 하여 발생하는 것이다. 예컨대, 이자채권은 원본채권의 종된 권리이고, 질권 · 저당권은 그 피담보채권의 종된 권리이며, 보증인에 대한 채권은 주채무자에 대한 채권의 종된 권리이다. 종된 권리의 주된 권리에 대한 종속성의 정도는, 개개의 종된 권리의 성질에 따라 다르다.

(3) 사회권

노동법, 생활보호법과 같은 사회보장입법은 공법과 사법을 혼합한 성질을 갖고 있으므로 이에 의해 인정되는 사회권도 공권과 사권을 혼합한 성질을 갖고 있다고 할 수 있다. 헌법은 인간다운 생활을 할 권리 (제34조 제1항), 노동자의 단결권 · 단체교섭권 · 단체행동권(제33조) 등을 규정하고 있다. 이러한 권리는 헌법이라는 공법상의 권리이나 그것이 개별적인 법령에 의해 구체화될 때에는 공법, 사법의 혼합으로 각종의 사회권이 된다.

3. 의무

(1) 의무는 일정한 행위를 해야 할, 또는 해서는 안 될, 법률상의 구속이다. 해야 할 의무(duty, Pflicht)를 작위의무, 해서는 안 될 의무를 부작위의무라고 부른다. 부작위의무 중에서 특히 타인의 일정한 행위를 참고 받아 들여야 할 의무를 인용의무 혹은 수인의무라고 한다.

(2) 권리와 의무는 마치 하나의 동전의 양면처럼 서로 대응하는 것이 보통이다. 이 대응은 채권과 채무의 대응에서 가장 잘 알 수 있다. 그러나 언제나 반드시 그러한 것은 아니다. 권리가 대응하지 않는 의무도 있고, 의무가 대응하지 않는 권리도 있다. 법인의 등기나 제한능력자의 영업의 등기를 해야 할 의무(민법 제49, 51조; 상법 제6조)·공고의무(민법 제88, 93조) 등은 전자의 예이고, 민법상의 취소권·동의권·해제권 등의 형성권은 후자의 예이다. 또 친권자가 미성년자인 자(子)를 보호·교양할 권리를 가지는 동시에 의무를 지는 예와 같이 (민법 제931조) 동일한 사항이 권리이며 동시에 의무인 경우도 종종 있다. 특히 친권은 최근 그 의무성이 더욱 강조되고 있다.

(3) 권리와 같이 의무도 공법상의 의무, 사법상의 의무 그리고 사회법상의 의무로 구별된다.

① 공의무

공의무란 공권에 대응하는 것으로서 공법에 의해 받는 의사의 구속이다. 공의무는 국가나 공공단체의 공의무와 개인의 공의무로 구별할 수 있다. 예를 들면 국가의 공의무로서는 국민의 자유권을 보장할 의무, 평등권을 보장할 의무, 참정권을 보장할 의무, 국민의 수익권을 확보할 의무 등이 있다. 사인의 공의무로는 국가적 공권에 대응하여 법에 복종하는 의무 등이 있으며, 특히 헌법상의 의무로는 교육의 의무(제31조 제2항), 납세의 의무(제38조), 노동의 의무(제32조 제2항), 국방의 의무(제39조) 등이 있다.

② 사법상의 의무

사법상의 의무에는 사권에 대응하는 것으로서 사법에 의해 받는 의사의 구속이다. 예를 들면 채권에 대해서는 채무가 있고, 물권에 대하여는 이를 침해해서는 안 되는 의무가 있다.

③ 사회법상의 의무

이는 사회권에 대응하는 것으로서 사회법에 의해 받는 의사의 구속이다. 예를 들면 국민은 노동의 권리가 보장되어 있으므로 국가는 노동을 원하는 국민에게 노동의 장을 마련해 주기 위하여 노력할 의무가 있는가 하면, 노동자도 사회권을 남용하지 말 것이며 노동협약을 준수할 의무가 있다.

4. 권리의 주체

권리가 귀속하는 주체를 권리의 주체라 하고, 이 권리의 주체가 될 수 있는 지위 또는 자격을 권리능력 또는 법적 인격(법인격)이라고 한다. 권리능력에 대응하는 개념으로 의무능력이 있는데, 이는 의무의 주체가 될 수 있는 지위를 가리킨다. 현행법상 권리를 가질 수 있는 자는 의무도 가질 수 있으므로, 권리능력은 동시에 의무능력이기도 하다.

권리·의무의 주체가 될 수 있는 것으로서는 자연인과 법인이 있다.

1) 자연인

법적 인격(권리능력)이 인정되는 개인을 자연인이라 한다. 민법 제3조는 모든 개인은 출생과 동시에 권리능력이 인정된다고 규정하고 있다. 공법에는 명시된 규정은 없다. 그러나 보통은 조리 상 민법규정이 준용되는 것으로 이해해야 할 것이나 공권은 일정한 범위내의 자에게만 인정되는 경우가 많다. 또 자연인이라 할지라도 만19세 미만인 미성년자나 정신적인 제약으로 사무를 처리할 능력이 결여되거나 부족한 사람들은 스스로 독립하여 권리.의무를 발생시키는 행위를 할 수 없고 타인의 도움을 받아야 하는데 이런 자들을 제한능력자라고 한다.

2) 법인

단체나 재단으로서 법적 인격이 인정되는 것을 법인이라 한다. 법인 중에서 사람의 집단으로서 법적 인격이 인정된 것이 사단법인, 재단(재산의 집단)으로서 법적 인격이 인정된 것이 재단법인이다. 또 법인의 설립이나 관리에 국가의 공권력이 관여하는 것이 공법인(公法人), 그렇지 않은 것이 사법인이다. 사법인 중 각종의 회사와 같이 영리를 목적으로 하는 것을 영리법인이라 하고, 공익사업을 목적으로 하는 것을 공익법인이라 한다. 법인은 법에 의해 인격이 인정됨으로써 비로소 법인이 된다. 따라서 사단이나 재단이 전부 법인이 되는 것은 아니며 법인격 없는 사단, 법인격 없는 재단도 존재하게 된다.

5. 권리의 객체

권리는 특정한 생활이익을 그 내용으로 한다. 권리의 내용인 그 특정한 생활이익을 권리의 목적이라고 하고, 이 내용 즉 목적이 성립하기 위하여 필요한 일정한 대상을 권리의 객체라고 부른다. 예컨대 물권의 목적은 일정한 물건을 직접 배타적으로 지배하는 것이며 그 일정한 물건이 바로 물권의 객체이다. 채권의 목적은 특정인으로부터 특정한 행위를 요구하는 것이고 채무를 지는 그 특정인의 행위가 채권의 객체이다.

권리의 객체는 권리의 종류에 따라서 다르다. 물권에서는 물건, 채권에서는 채무자의 행위(급부), 친족권에서는 친족법상의 지위, 상속권에서는 상속재산 등이 권리의 객체이다. 또 생명 · 신체 · 자유 · 명예 등 그 주체와 분리될 수 없는 이익을 내용으로 하는 인격권에서는 권리의 주체 자신이 동시에 권리의 객체이다.

| 토론주제 |

1. 집이 가까운 동료의 차를 얻어 타고 가다가 교통사고가 난 경우 그 법률관계는 어떻게 될까? 같이 생각해 보자.

2. 지적재산권의 개념과 종류에 대하여 조사해 보자.

「참고문헌」

각종 민법 교재

제10장

국가에 대한 개인의 권리

1. 법의 지배와 권리투쟁

'대한민국은 법치주의 국가다'라는 말을 종종 듣게 된다. 법치주의란 다른 말로 법에 의한 지배 혹은 법의 지배를 말한다. 법이 아니라 주먹에 의해 모든 일이 처리되던 때도 있었다. 국가와 국민 간의 관계뿐만 아니라 국민과 국민간의 관계에서도 힘센 자의 말대로 일이 처리되곤 했다. 이런 상태를 무법상태 혹은 자연상태라고 한다. 그러나 중앙집권적 국가권력이 확고해지면 이런 일은 사라지게 된다. 사인 상호 간에도 무력에 의한 문제해결은 이제 금지된다. 그러므로 이제 사람들은 분쟁이 생기면 주먹대신 법에 의지해야 한다. 국가와 국민 간의 관계, 국민과 국민 간의 관계는 이제 법에 의해 처리되어야 한다. 국가권력은 헌법과 법률에 의해 자신에게 주어진 권한만을 행사할 수 있고, 국민들도 각자 자신이 가진 권리를 내세워 자기주장을 해야 한다. 이것이 법의 지배가 말하는 핵심 되는 내용이다.

그러므로 법의 지배가 관철되는 곳에서 모든 투쟁은 종국적으로는 법률투쟁의 형태를 띠게 된다. 그런데 법률투쟁이란 다른 말로 권리투쟁을 말한다. 법이란 결국 대등한 당사자 간의 권리의무관계를 보장하는 형식이기 때문이다. 따라서 국민과 국민 간의 투쟁은 물론 국가와 국민 간의 투쟁도 결국은 권리와 의무를 둘러싼 투쟁이라 할 수 있다. 국민과 국민 간의 투쟁의 결과 구체화된 것이 사법상의 권리라고 한다면, 국가와 국민 간의 투쟁의 성과물은 공법상의 권리로 축약되어 있다. 그리고 공법상의 권리 중에서 가장 기본이 되는 것이 헌법이 보장하고 있는 기본권이다. 그것들은 어느 날 하늘에서 뚝 떨어진 것이 아니라 전제적인 국가권력에 대항해온 '인간과 시민들'이 전개한 권리투쟁의 결과물이다. 그러므로 그것들은 오늘날에도 여전히 생성 중에 있다고 하겠다.

독일의 법학자 예링은 『권리를 위한 투쟁』(1872)이라는 작은 책자에서 법의 발전은 권리투쟁을 통해서 가능하다고 주장했다. 사회학적으로 풀이할 때 권리란 '상대방과 대등한 입장에 서는 것을 전제하고 자각적으로 자기의 요구가 정당하다는 것을 사회적으로 승인받을 수 있도록 주체적으로 행동하는 행동양식'을 말한다. 자기의 요구가 정당하다는 것을 사회적으로 승인받을 수 있도록 몸부림치는 가운데 낡은 법은 깨어지고 새로운 법이 만들어지게 된다.

근대의 시민혁명과 정치투쟁은 신분제 질서와 그를 뒷받침하는 국가권력에 대한 것이었다. 그로써 쟁취한 체제가 법치국가다. 법치주의는 공권력을 법에 기속시킴으로써 시민의 자유와 권리를 보호하는 것을 핵심 내용으로 한다. 그러한 성과가 각국의 최고법으로서 헌법전 속에 기록되었고 그 역사에 우리나라도 함께한 것이다.

2. 기본권의 보장 : 국가에 대한 개인의 자유와 권리

근대의 자연권 사상가들은 인간은 태어나면서부터 자유로운 존재로서 남에게 양도하거나 빼앗길 수 없는 권리, 즉 천부 인권을 가진다고 주장하였고, 시민혁명과 이어지는 정치투쟁의 과정을 거치면서 이러한 인권은 국가권력으로써도 침해할 수 없는 가치로서 근대 국가의 헌법 속에 정착하게 되었다. 이처럼 헌법 차원에서 보장되는, 인간으로서 누려야 할 기본적인 자유와 권리를 흔히 '기본권'이라 부른다. 우리 헌법도 "개인이 가지는 불가침의 기본적 인권"을 확인하고 있다.

> 제10조 모든 국민은 인간으로서의 존엄과 가치를 가지며, 행복을 추구할 권리를 가진다. 국가는 개인이 가지는 불가침의 기본적 인권을 확인하고 이를 보장할 의무를 진다.

그런데 여기서 눈에 띄는 것은 인간으로서의 존엄과 가치를 가지고 행복을 추구할 권리를 가지는 것은 '국민'이란 점이다. 그밖에도 우리 헌법의 기본권 규정은 대부분 "모든 국민은 … 자유를 가진다"는 형식으로 그 주체를 '국민'으로 설정하고 있다. 그렇다고 외국인에게는 기본권이 인정되지 않는다고 보게 되면 기이한 풍경이 벌어진다. '모든 국민은 고문을 받지 아니한다'(제12②)고 규정하니까 외국인을 고문하는 것은 허용되는가? 그런가 하면 '모든 국민은 납세의 의무를 진다'(제38조)고 하였으니 외국인은 세금을 내지 않는가?

'로마에 가면 로마법을 따라야지!'라는 말처럼 법의 속성은 국적을 따지지 않고 관할 지역 내의 '사람들'(people)에게 적용되는 것이다(속지주의). 헌법 제정과정에서 '국민'이란 표현에 집착한 것은 해방 후의 남북분단과 치열한 이념대립의 와중에 남쪽에서는 인민(people)이, 북쪽에서는 국민(nation)이란 말이 금기시된 역사의 흔적이다. 헌법상 기본권은 가령 정치적 기본권과 같이 그 성질상 '국민의 권리'로 봐야 할 것을 제외하고는 모든 인간에게 인정되는 것으로 해석되어야 하고, 헌법재판소도 같은 입장을 견지하고 있다.

미국 헌법은 첫머리를 "우리 합중국 인민은(We the People: 오바마 행정부가 운영했던 백악관 청원시스템의 명칭이기도 하다) … 이 헌법을 제정한다"는 문장으로 시작하면서, 시민권자(Citizen)에 한정한 참정권 외의 대부분 권리 조항들에서는 people 또는 person을 주체로 규정한다. 다른 많은 국가들의 헌법도 비슷한 모습을 보여준다. 종종 미국 헌법의 people을 우리말로 번역할 때 '국민'으로, 반대로 우리 헌법의 '국민'을 영문으로는 people로 번역하는 것을 볼 수 있듯이, 이 두 용어는 호환적인 것으로 이해할 수 있다.

1) 인간의 존엄과 가치, 행복추구권, 평등권

헌법의 기본권으로서 첫머리에 등장하는 것이 제10조의 인간의 존엄과 가치, 행복추구권이다.

국가가 존재하는 이유도, 또한 헌법 제12조 이하에 나열되어 있는 개별적인 국민의 권리들도 결국은 인간의 존엄과 가치, 행복추구권을 위해서 존재한다. 오랜 세월동안 인간과 시민들이 국가권력에 대항하여 싸워온 이유는 인간 자신의 존엄과 가치를 지키고, 천부적으로 각자에게 보장된 행복추구권을 확보하기 위해서였다. 인간의 권리, 인권이라는 것은 인간이 존엄한 존재라는 것을 인정하는 데서 출발하는 것이다. 따라서 인간의 존엄은 모든 기본권의 이념적 전제가 된다.

행복추구권도 사람의 본질적인 면을 표현한 것이다. 인간의 존엄과 마찬가지로 행복추구도 어떤 규격화된 모형을 상정한 것이 아니고, 모든 사람은 각자의 고유한 존엄성을 지니면서 추구하는 행복의 내용 및 그 추구 방법을 제각각 달리 가진다. 즉 제10조는 국가가 설정한 어떤 목적이나 방향에 맞추어 개인을 도구화하는 전체주의를 거부한다는 엄중한 선언이기도 하다.

제10조는 이념적 지향일 뿐 아니라 그 자체로서 기본권으로 기능한다. 여기서 인격권이라든가 일반적 행동자유권을 도출할 수 있다. 요즘 전동킥보드를 타는 사람들이 늘어나고 있다. 자동차 운전과 마찬가지로 그 운전의 자유를 명시하는 헌법 규정은 없다. 이처럼 헌법에 개별기본권으로 명시되지 않은 다양한 행동들도 결국 그 사람의 행복을 추구하기 위한 행동으로 인정할 수 있다. 이를 일반적 행동자유권이라 한다. 청소년의 당구장 출입을 막는 법령도 행복추구권의 한 내용인 일반적인 행동자유권의 침해가 될 수 있다(헌재 1993. 5. 13. 92헌마80).

제11조는 "모든 국민은 법 앞에 평등하다."고 하여 평등권 내지 평등원칙을 규정한다. '인간은 존엄하다'는 것은 바꾸어 말하면

'인간이라면 누구나 존엄하다'는 것이고, 따라서 누구도 차별받아서는 아니 된다는 평등 사고도 불가분적으로 내포된 것이다. 존엄하면서 동시에 열등할 수는 없을 것이기 때문이다. 덧붙여 제11조는 성별 · 종교 · 사회적 신분에 따른 차별의 금지를 예시하고 있는데, 이는 곧 인류가 신음해왔던 전형적인 차별과 억압의 역사에 종지부를 찍는다는 선언인 셈이다.

평등의 의미에 대해서는 한 마디로 정의내리기 어렵지만, 정치적 영역을 제외하고는 일반적으로 절대적 평등이 아니라 상대적 평등을 의미한다. 상대적 평등이란 "같은 것은 같게, 다른 것은 다르게" 취급하는 것이다. 그러나 이러한 평등은 그것을 적용하는 과정에서 같은 것을 다르게 취급하는 식으로 잘못될 수 있다. 따라서 일정한 합리적 근거가 필요하다. 차별에 합리적 근거가 없을 때 그것은 자의적恣意的 차별이고 헌법이 금지하는 차별이다.

평등권의 법리는 특히 미국의 학설과 판례를 통하여 정교하게 발전하였다. 그 까닭은 과거 미국의 역사와 무관하지 않다. 남북전쟁의 성과물로 1865년에 노예해방이 헌법적으로 보장되었지만, 흑인 차별은 계속되었다. 기차를 탈 때는 백인과 같은 칸에 앉지 못했고 식당에도 같이 가지 못했다. 백인학교는 물론 갈 수 없었으며 여러 가지 국가적 혜택으로부터도 제외되었다. 이러한 인종 분리 정책을 '분리하더라도 평등하다'(seperate but equal)는 논리를 내세워 대법원이 지지하였으나, 대법원은 1954년 Brown 사건에서 '분리된 교육시설은 그 자체가 불평등하다'고 선언하면서 과거 판례를 뒤집고 인종차별의 역사에 큰 전환을 가져왔다.

그러나 엄연히 존재했던 차별의 역사 속에 쌓인 불평등한 결과가 형식적인 기회 균등의 보장만으로 해소되기는 힘들다. 이에 보다 적극적 조치를 통하여 좀 더 실질적 평등, 결과의 평등을 실현하는 정책을 취할 필요가 있다. 이를 적극적 평등실현조치(affirmative action) 등으로 부르는데, 가령 흑인 등 소수인종을 대학입학에서 가산점이나 할당제 등을 통하여 우대하는 것이다. 우리나라에서도 예컨대 공무원임용은 성적주의를 원칙으로 하면서도 장애인 · 저소득층 등에 대하여 인사관리상의 우대를 할 수 있도록 하고, 공무원채용에서 양성평등채용목표를 위한 선발예정인원 초과합격제가 시행되고 있다. 반면 우대에서 제외된 집단에서는 역차별의 문제가 야기되기도 하므로 섬세한 조정이 요구되는 어려운 작업이기도 하다.

2) 개별 기본권

헌법 제12조부터 제37조까지는 인간의 존엄과 가치 · 행복추구권, 평등권을 실현하기 위한 성격을 가지는 여러 기본권들이 나온다. 그 개요만 간단히 살펴보자.

제12조는 신체의 자유를 보장하고 있다. 국가권력에 의한 체포 · 감금 등 인신 구속은 아주 오래 전부터 인간의 자유를 속박하고 공포에 떨게 한 대상이다. 신체의 자유의 보장이 1215년 영국의 대헌장(Magna Carta Libertatum)에서부터 시작하여 여러 정치적 투쟁과정을 거치면서 인신 구속은 법관의 영장에 의하도록 하는 오늘날의 전형으로 정착하고 우리 헌법상 개별기본권 중에서도 가장 앞에 규정된 것도 그런 의미에서 이해할 수 있다.

제13조는 죄형법정주의와 관련된 것이고, 그 중에서 특히 형벌불소급의 원칙, 일사부재리, 소급입법의 제한, 그리고 연좌제 금지

등을 규정하고 있다.

제14조는 거주 . 이전의 자유를 규정하고 있다. 거주 . 이전의 자유는 농노 · 노비 신분의 거주지 속박에서 해방시켜준 역사적 의미를 가지면서 오늘날은 노동력의 자유로운 이동을 보장하는 경제제도의 근간이 되기도 한다.

제15조에서 규정한 직업의 자유도 스스로 원하는 직업을 선택하지 못하고 숙명에 맡겨야 했던 신분제 해방의 역사를 담고 있지만 오늘날은 경제적 자유의 의미가 크다. 헌법은 '직업선택'의 자유라고 표현하지만, 자신이 원하는 직업을 자유롭게 선택하는 좁은 의미의 직업선택의 자유와, 그가 선택한 직업을 자기가 원하는 방식으로 자유롭게 수행할 수 있는 직업수행의 자유까지 포함하는 '직업의 자유'를 뜻한다.

다음 헌법 제16조, 제17조, 제18조를 하나로 묶어 살펴보자. 제16조는 주거의 자유이고, 제17조는 사생활의 비밀과 자유, 제18조는 통신의 비밀을 보장하고 있다. 이들 기본권들은 넓게 보아 개인의 프라이버시를 보호한다. 다른 말로 사생활자유권이라고 한다.

제19조부터 제22조까지 규정되어 있는 자유들은 이른바 사상의 자유에 관한 것이다. 그 가운데 제19조 양심의 자유는 특히 '양심적 병역거부'의 의미를 놓고 '군대 가는 사람은 양심이 없다는 말이냐' 등으로 적잖은 오해를 받는 것이기도 하다. 여기서 '양심'이란 일상에서 흔히 쓰는 것처럼 어떤 칭찬할 만한 상태를 의미하는 것이 아니고, 각 개인의 신념이나 사상 정도로 생각하면 되겠다. 마치 민법상 '선량한 관리자의 주의'나 '선량한 풍속' 규정에 대해 오해를 하는 것과 비슷한 양상인 것이다.

제20조 종교의 자유는 특히 서구의 역사 속에서 큰 의미를 가진

것이다.

제21조는 언론 · 출판, 집회 · 결사의 자유이다. 민주주의 국가라 하기 위해서는 언론 · 출판의 자유가 있어야 한다. 국민들은 자기가 하고 싶은 말을 마음껏 하고 또 그것을 다른 사람에게도 전달할 수 있어야 한다. 그래야 정치도 민주화될 수 있다. 그런데 언론의 힘이 커지면서 언론의 자유는 곧 언론기관의 자유로 변질되고 있다. 그래서 언론기관을 갖고 있지 못한 대다수의 국민들은 어쩔 수 없이 다른 방식으로 자신들의 언론을 열어 가는데 그것이 집회 및 결사의 자유이다. 그러니까 집회 및 결사의 자유는 언론의 자유의 현대적 표현이라고 할 수 있다.

제22조는 학문 · 예술의 자유를 보장하고 있다.

제23조는 재산권의 보장과 제한에 관한 조항이다. 전근대 국가에서 절실했던 정치적 · 정신적 자유의 보장이 그동안 상당히 높은 수준으로 정착하면서 이제 사람들의 큰 관심사는 경제적 문제이다. 경제적 자유를 행사하여 활동하면 그 결과는 재산으로 축적되어 그 사람의 미래 생활을 보장하는 밑천이 된다. 제23조는 재산권 질서의 기본을 정하는 것이다.

제24조의 선거권과 제25조의 공무담임권은 정치적 기본권에 해당한다. 헌법 제1조에서 국가의 기본 성격으로 지향하는 민주공화국과 국민주권원리의 구체적 실현 방식이다.

제26조부터 제30조까지는 이른바 청구권적 기본권이다. 제26조의 청원권은 역사적 성격이 강한 것인데, 참정권과 표현의 자유가 확보되면서 그 의의를 점차 상실하여 왔다.

제27조는 재판 받을 권리를 규정하면서, 특히 형사재판에 대해서는 강화된 절차적 보장을 하고 있다.

제28조부터 제30조까지는 국가 운영과정에서 국민이 받은 피해의 보상 또는 배상을 국가에 청구할 권리를 규정한다. '배상'은 잘못된 행위로 발생한 '손해'를 메워 주는 것이고, '보상'은 행위의 잘잘못을 따지지 않고 그로 인해 발생한 '손실'을 메워 주는 것이다.

제28조의 형사보상은 형사절차로 구금되었던 자가 불기소처분 또는 무죄판결을 받은 때 청구할 수 있다. 반면 제30조는 범죄피해자에게도 구조청구권을 인정한다.

제29조의 국가배상제도는 공무원의 직무상 불법행위로 손해를 받은 국민이 국가 또는 공공단체에 배상을 청구할 수 있는 것이다. 가령 보행자가 맨홀에 빠져 다쳤다면 해당 지방자치단체의 관리소홀에 대한 책임을 물어 손해배상을 받을 수 있다.

끝으로 사회적 기본권이라는 범주에 묶을 수 있는 규정들이 헌법 제31조부터 제36조까지에 모여 있다. 단순히 자유만을 보장하고 방임하는 것은 '굶을 자유'에 불과하다는 것을 역사가 보여주었다. 사회주의 이념의 거센 물결이 유럽을 휩쓸기 시작하자 자유주의 국가들은 사회보장 · 복지제도의 수용으로 대응하였다. 이후로 경제적 · 사회적 약자를 지원하고 보호하여 사회정의를 실현하는 것이 오늘날 국가의 보편적 책무로 자리 잡게 된다.

사회적 기본권의 지향점으로 헌법 제34조 제1항은 모든 국민은 인간다운 생활을 할 권리가 있다고 선언한다. '인간다운 생활'이 '인간의 존엄과 가치'의 또 다른 표현이라는 것을 짐작할 수 있겠지만 구체적으로 어떤 내용을 담는 것인지는 쉽사리 말하기 힘들다. 여기에 도움을 주는 것이 제2항부터 제6항까지 나오는 국가의 여러 의무들이다.

제31조는 교육을 받을 권리에 관한 규정이다. 사회에서 요구되

는 지식과 기술의 비중이 커질수록 교육 받을 권리는 실질적 평등을 보장하는 데 중요한 의미를 가진다.

제32조는 근로의 권리에 관한 규정이다. 대부분의 사람은 근로를 통하여 얻는 경제적 수입으로 생활을 영위하고 자아를 실현해 나갈 수 있다.

제33조는 노동3권이라 불리는 근로자의 단결권 · 단체교섭권 · 단체행동권을 규정한다.

제35조에 나오는 환경권은 '새로운' 권리로서, 우리처럼 헌법전에 명시적으로 도입한 국가는 드물다.

제36조는 혼인과 가족생활의 보장, 모성의 보호와 보건권을 규정하고 있다.

이렇게 개별기본권의 목록을 훑어보았다. 그러나 이제까지 열거되지 않은 권리라 하여 경시하여서는 아니 되고, 국가는 이를 존중하고 보장하여야 한다. 이 점을 못 박은 것이 제37조 제1항이다. 그러나 이미 제10조 · 제11조가 포괄적인 기본권을 인정하고 있기 때문에 이 규정은 실천적으로 큰 의미를 가진다기보다는 이중 삼중으로 국민의 기본권을 보장하겠다는 다짐을 보여주는 것이라 하겠다.

3. 기본권의 제한과 법치주의

지금까지 기본권의 내용을 정독하고 나면, 아니 내가 못할 일이 없잖아! 무엇을 하든 나의 자유이고 권리다! 하고 잠깐 기분이 들뜰지도 모르지만, 세상은 결코 내 맘대로 할 수 없다는 것을 우리는 이미 경험으로 알고 있다. 개인의 자유와 권리가 아무리 소중한 것이라 하더라도 타인과 함께 살아가야 하는 공동체 속에서는 일정한 제한을 받을 수밖에 없다. 헌법이 보장하고 있는 자유와 권리를 제한하려면 그 제한 또한 헌법 스스로 정하는 것이 규범 논리에 맞을 것이다. 그리하여 헌법은 기본권 부분의 맨 끝에 다음과 같이 규정을 둔다.

> 제37조② 국민의 모든 자유와 권리는 국가안전보장 · 질서유지 또는 공공복리를 위하여 필요한 경우에 한하여 법률로써 제한할 수 있으며, 제한하는 경우에도 자유와 권리의 본질적인 내용을 침해할 수 없다.

'국가안전보장 · 질서유지 또는 공공복리'는 간략히 압축하자면 공익이라 표현할 수 있겠다. 공익을 위해 개인의 자유와 권리를 제한하는 것이 바로 국가기관의 임무이고 그 권능이 바로 공권력이다. 빨간 신호등은 우리의 바쁜 걸음을 막는다. 우리에게 식품을 만들고 파는 사업자는 영업의 자유를 제한받아 일정한 시설기준을 지켜야 한다. 우리의 질병을 낫게 해주는 일을 하고 싶지만 면허가 없어 하지 못하는 많은 사람들이 있다. 그들은 직업선택의 자유를 제한 받고 있는 것이다. 우리의 안전과 사회질서를 해쳐 법원에서 징역형을 받아 신체의 자유를 제한당한 사람들도 있다.

보이든 보이지 않든 이토록 우리 일상생활의 곳곳에서 작동하고 있는 공권력을 법률에 구속시키고 국민의 자유와 권리를 최대한 보호하려는 것이 서두에서 본 법치주의다. 헌법 제37조 제2항은 기본권의 제한은 법률에 의해서만 할 수 있도록 하고, 또 법률에 근거가 있다 하더라도 공익 목적에 필요한 한도를 넘는 지나친 기본권 제한은 허용하지 않는다. 이렇게 제37조 제2항은 한 문장 속에 법치주의의 요체를 함축하고 있는 것이다. 나아가 법치주의는 공권력이 개인의 신뢰를 함부로 침해해서는 안 된다는 것도 요구한다. 아래에서 공권력으로써 기본권제한을 할 때 지켜야 하는 공법상 일반원칙으로서 중요한 것들을 살펴보자.

1) 법률유보원칙

국가안전보장 · 질서유지 또는 공공복리 등 어떤 목적으로든 개인의 자유와 권리를 제한하려면 먼저 법률에 근거를 둘 것을 요구하는 것이 헌법 제37조 제2항이다. 국민의 대표기관인 의회가 정하는 법률에 따름으로써 국민의 기본권 제한이 정당화할 수 있다는 민주주의적 요청이기도 하다.

위의 예들은 모두 도로교통법, 식품위생법, 의료법, 형법 등 법률에 그 근거가 있기 때문에 가능한 것이다. 공익의 목적 실현에 아무리 절실한 것이라도 기본권 제한은 반드시 법률로써만 할 수 있다. 2020년 코로나 19 확산 사태 때문에 우리는 격리, 집합제한·금지 등 자유를 제한당하는 많은 방역조치들을 겪었다. 그것은 감염병예방법에 각 근거를 마련했기에 가능했던 것이다. 실내 등 밀접

공간에서의 마스크 착용 의무화는 확산 초기부터 강력하게 그 필요성이 제기됐지만 방역당국이 그렇게 하지 못했던 것은 우선 법률에 근거가 없어서였다. 이후 마스크의 충분한 공급이 확보되고 법률에 근거규정이 신설됨으로써 마스크 착용의 행정명령이 이루어졌다.

그런데 법률유보원칙은 자칫 '법률에 근거를 두기만 하면 된다'는 형식적 사고로 흘러가기 쉽다. 그 극단적인 실례를 보여준 것이 악명 높은 독일의 '수권법'(1933)이다.

> 총선에서 승리하였으나 과반 의석을 차지 못한 나치당은 우호 정당들과 합세하여 '법률은 행정부도 제정할 수 있다'는 단순한 내용의 수권법을 통과시킨다. 그에 따라 히틀러 총리는 나치당 외의 모든 정당을 강제해산하고 새로 구성된 의회를 나치당으로만 채운다. 그리고 대통령의 권한까지 겸직한다(그래서 '총통'). 이렇게 확립한 절대 권력이 어떤 길로 나아갔는지는 우리가 익히 알고 있다.

수권법의 제정과 그것이 낳은 독재체제는 어이없게도 합법성을 갖춘 것이었다. 형식적 법치주의에서 튀어나올 수 있는 최악의 역사를 온몸으로 겪은 전후 독일은 시민의 자유와 권리 보호라는 본래 목적을 실현하는 방향으로 법치주의를 복원시킨다. 이것이 실질적 법치주의다. 그에 따라 법률유보원칙에 대한 시각도 바뀌게 된다. 즉, 형식적으로 법률에 근거를 두기만 하면 충분한 것이 아니라, 공동체에 중요하고 본질적인 사항은 (행정부에 위임하지 말고) 의회가 직접 결정하여야 한다는 내용으로 강화하는 것이다. 이것을 본질성설이라 하는데, 우리나라에서도 1999년 헌법재판소가

TV방송수신료 사건에서 이 이론을 도입한 이래 대법원 판례에서도 자리 잡게 되었다.

> 당시 수신료 징수에 관하여 한국방송공사법에 근거규정을 두고 있었지만, 국회의 결정이나 관여를 배제한 채 한국방송공사로 하여금 수신료 금액을 결정해서 문화관광부장관의 승인을 얻도록 규정한 것은 법률유보원칙에 위반된다고 하였다(헌재 1999. 5. 27. 98헌바70). 헌법불합치결정 이후 새로 제정된 방송법에서는 수신료 금액을 국회의 승인을 얻도록 규정하여 위헌성을 해소하였다. 수신료 인상 시도가 번번이 국회의 관문을 통과하지 못하고 1981년에 책정된 수신료 금액이 지금까지 유지되고 있는 배경에는 이 결정이 있다.

2) 비례원칙(과잉금지원칙)

헌법 제37조 제2항은 공익을 위하여 '필요한 경우에 한하여' 기본권을 제한할 수 있다고 명시한다. 이것은 비례의 원칙을 표현한 것으로 이해되고 있다. 비례원칙에 담길 수 있는 내용 중에 가장 핵심을 이루면서 실무에서 자주 나타나는 두 가지를 보자.

첫째, 목적과 수단 간의 비례관계를 의미한다. 즉, 공익 목적과 그 수단으로서의 기본권제한 간에 상당한 비례관계가 유지되어야 한다. 만약 재물손괴죄를 사형으로 처벌한다는 법률 규정을 둔다면 비례원칙에 반할 것이다. '비례'라는 말에 딱 들어맞아 '협의의 비례원칙'이라고 부르는 내용이다. 이것은 달성하려는 공익의 크기와 그로써 침해되는 사익의 크기를 비교형량하는 방식으로 판단한다. 쉽게 말해 저울대의 양쪽에 올려놓고 어느 쪽이 무거운지를 측정하는 것이다. 법익의 균형성, 또는 이익형량의 원칙이라고도 부른다(균형, 형량에서 '형衡'은 저울을 뜻한다). 사실 비례성이란 전혀 어려운 개념이 아니다. 어린아이도 500원 짜리 붕어빵을 2개 살 때 1,000원 넘게 지불하지는 않을 것이다. 그러나 공익과 사익을 비교할 때 그 크기를 객관적으로 측정하기는 매우 어렵다. 이것이 입법 또는 행정에 대한 법관의 과도한 개입이 경계되는 지점이기도 하다.

둘째, 필요성 원칙이다. 우리 일상 언어에서는 '필요'란 말을 너무 흔하게 쓰다 보니 별다른 감흥이 느껴지지 않을 수 있겠지만, 이 말에는 '반드시, 꼭'(必)이란 의미가 담겨 있다. 즉 기본권제한은 공익 목적에 도움이 되는 만큼만 허용되는 것으로, 목적 달성에 적합한 여러 수단이 있다면 그 중 가장 약한 침해수단을 선택함으로써 기본권제한은 필요 최소한도로 그쳐야 한다. 가령 순경 공채시험 응시연령의 상한을 30세로 규정하는 것은 침해의 최소성 원칙에 위배된다(헌재 2012. 5. 31. 2010헌마278. 그에 따라 상한연령이 특별채용시험과 같이 40세로 바뀌었다.).

비례원칙은 결국 공익의 목적이 있다 하더라도 지나친 기본권 제한을 금지하는 내용이라는 점에서 흔히 과잉금지원칙이라고 부르기도 한다.

3) 신뢰보호원칙

신뢰보호원칙이 무엇인가를 쉽게 알 수 있는 예로, 가령 국회가 최근 추세를 반영하여 '인공지능(과 친해지는)법'을 대입시험의 필수과목으로 추가하는 법률을 제정했다고 가정해보자. 여기까지는 별 문제가 없다. 하지만 만약 이 법률을 과거로 소급하여 시행한다면 어떻게 되겠는가. 지금까지 대학을 졸업한 사람, 그리고 현재 대학의 재학생은 모두 그 입학이 무효화될 것이다. 물론 이런 어처구니없는 결과는 누가 보더라도 수긍하지 않을 것이다. 하지만 그것이 안 된다는 것을 어떤 법적 논리로 설명할 것인가? 이때 내세울 수 있는 것이 바로 신뢰보호원칙이다. 누구든지 당시의 제도를 신뢰하고 그에 맞춰 행동하여 입학에 성공하였다면 그 성과는 보호받아야 한다는 것이다.

신뢰보호원칙을 명시하는 헌법 규정은 없으나, 법치주의원리의 한 축을 이루는 법적 안정성 이념에서 도출되는 것으로 보고 있다. 신뢰보호원칙은 기존 상태 또는 기득권적 지위의 변경을 싫어한다는 점에서 보수적 성격을 띤다. 그것을 극단적으로 관철한다면 어떤 변화나 새로운 시도도 하지 못할 것이다. 만약 위 사례에서 시험과목 변경을 바로 다음 해부터 시행한다고 해보자. 당장 고3 학생들의 반발이 거셀 것이다. 그래서 넉넉잡고 3년간의 유예기간을 두었더니 이제는 어떤 중학생이 들고 일어나 자신은 기존의 대입과목 공부를 다 마쳤는데 왜 새 과목을 또 준비해야 하느냐면서 신뢰보호를 주장한다면 어떻게 할 것인가.

또 다른 예를 들어보자. 환경보호를 위해 공장이 들어설 수 없는 지역에 행정청의 허가를 받고 공장이 세워져 수년간 가동되었는데 마을 주민들이 소음과 악취 때문에 민원을 넣었다. 행정청이 다시 검토한 결과 뒤늦게 착오를 깨닫고 공장설치허가를 취소하려고 한다. 이에 대하여 공장주는 행정청의 허가를 신뢰하고 막대한 돈을 투자한 사업을 접게 되는 것은 그의 신뢰를 깨뜨리는 것이라 주장하면서 허가취소를 저지하려고 할 것이다. 반면 환경보호라는 공익 내지 마을 주민들의 이익을 중시하는 입장에 선다면 허가가 취소되어야 할 것이다.

이렇게 신뢰보호원칙은 공익 및 제3자의 이익과 충돌하는 경우가 적지 않다. 신뢰보호원칙도 법원리(principle)적 성격을 가진 것으로서 바로 어떤 답을 준다기보다 구체적인 상황 속에서 관계되는 여러 이익의 형량에 따라 판정되는 것이다.

| 토론주제 |

1. 양심이란 무엇인가? '양심적 병역거부'를 둘러싼 논쟁, 판례와 현재 제도적 수용 상황을 조사하고 토론해보자.

2. affirmative action의 사례, 그 성과와 그로 인하여 발생하는 역차별에 대하여 토론해보자.

3. 군인 · 경찰 등의 국가배상청구권을 제한하고 있는 헌법 제29조 제2항을 규정한 시대적 · 정치적 배경과 그 운영의 역사를 조사하고, 오늘날 어떤 의미를 가질지 생각해보자.

4. 진정소급효와 부진정소급효란 무엇이고 실제 문제된 사례로 어떤 게 있는지 조사해보자.

「참고문헌」

각종 헌법, 행정법 교재

제11장

사법상의 법률관계

1. 사법관계와 민법

사법(私法)은 개인 상호간의 사회생활 관계를 규율하는 법이다. 사법 중에서도 사람·장소·사항 등에 한정 없이 개인의 일상·보통 사적생활에 적용되는 일반법 (일반사법)이 민법이며, 개인의 사적 생활 중에서도 한정된 범위에만 적용되는 것이 특별사법이다. 예컨대 상법은 개인의 사적 생활 중에서도 상행위에만 적용되는 것이다. 사법질서는 일반사법인 민법을 기초로 하고 그 위에 각종의 특수·구체적인 사법관계를 규율하는 특별법으로 이루어진 피라미드를 이루고 있다고 할 수 있다. 그러므로 민법은 사법의 핵심이며 기초를 이루는 법이라고 할 수 있다. 한편 사법이 규율하는 사회생활 관계를 사법관계라 할 수 있는데, 사법관계는 자기 보존을 위한 재화를 획득하고 지배하는 재산관계와 종족보존을 위한 가족관계 내지 신분관계로 크게 나누어 볼 수 있다. 이와 같이 (일반)사법인 민법은 크게 재산법과 가족법으로 구성되어 있다.

2. 민법의 기본원칙

1) 근대민법의 기본원리와 그 수정

우리 민법은 19세기에 성립한 유럽대륙의 근대민법의 영향아래에서 만들어졌다. 근대민법은 개인주의·자유주의라는 당시의 시대사조에 따라 모든 개인은 태어날 때부터 완전히 자유이고 서로 평등하다고 하는 자유인격의 원칙(인격절대주의)을 기본으로 삼았다. 또 근대민법은 이를 사유재산제도 내지 자본주의 경제조직에 실현시키기 위하여 사유재산권 존중의 원칙, 사적 자치의 원칙, 과실책임의 원칙의 세 원칙을 인정하였다. 이 세 원칙을 근대 민법의 3대원리라고 한다.

이러한 근대민법의 3대원리는 19세기에는 그다지 제약이 많지 않았다. 그것들에 관한 제약은 대체로 당사자가 누구이든 법질서가 도저히 허용할 수 없는 경우에 한하여 가하여졌다. 당시의 법이론은 개인들이 자유경쟁의 상태에서 경쟁을 하게 되면 그 사이에는 급부와 반대급부 사이의 조절이 적당하게 이루어지고 사회전체는 저절로 조화를 이룰 것으로 보았기 때문이다. 그러나 그러한 생각이 잘못되었음이 곧 드러났다. 현실생활에서는 경제력의 현저한 차이로 인하여 상상한 바와 같은 조화가 이룩되지 않았던 것이다. 예컨대 생산수단의 소유자로서의 기업은 재산이 없는 자와 고용계약을 체결하는 경우에 그의 소유자로서의 지위를 이용하여 실제로는 기업에게 유리한 계약이 강제되었다. 그리하여 20세기 들어와서는 이러한 문제점을 해결하기 위하여 근대민법의 3대원리에 대하여 보다 많은 제약이 가해져야 한다고 주장되었고, 그러한 내용의 입법(특히 노동법, 경제법) 등 생존권적 기본권을 보장하기 위한 입법들이 행하여지기도 하였다. 이처럼 20세기에는 당사자들이 경제력에 있어서 차이를 보이는 경우에 사회적 형평을 고려하여 새로운 모습의 제약도 가해지게 되었다.

2) 우리 민법의 기본원리

우리민법은 근대민법의 영향을 받아 제정되었는데, 그 기본원리뿐만 아니라 그 제약원리도 더불어 고려하고 있다고 할 수 있다.

사유재산권 존중의 원칙은 각 개인의 사유재산에 대한 절대적 지배를 인정하고, 국가나 다른 개인은 이에 간섭하거나 제한을 가하지 않는다는 원칙이다. 사유재산권 가운데 가장 대표적인 것이 소유권이기 때문에 이 원칙은 소유권절대의 원칙이라고도 한다.

사적 자치의 원칙은 개인이 자기의 법률관계를 그의 자유로운 의사에 의하여 형성할 수 있다는 원칙이다. 이 원칙은 3대원리 중에서도 가장 중요한 것이며, 이해하기에 따라서는 다른 두 원칙을 사적 자치의 원칙의 한 내용으로 파악할 수도 있다. 사적 자치의 원칙은 채권법, 특히 계약법에서 두드러진다. 따라서 사적 자치의 원칙을 법률행위 자유의 원칙 혹은 계약 자유의 원칙이라고도 한다.

과실책임의 원칙은 개인이 타인에 대하여 준 손해에 대하여는 그 행위가 위법할 뿐만 아니라 동시에 고의 또는 과실에 기한 경우에만 책임을 진다는 원칙이다. 이 원칙은 특히 불법행위(타인에게 위법하게 손해를 가하는 행위)에서 두드러지게 작용한다.

한편 민법은 사회적 형평을 고려하여 사유재산권을 존중하면서도 "재산권의 행사는 공공복리에 적합하도록 하여야 한다"는 헌법(제23조 제2항)의 정신을 구현하여 "소유자는 법률의 범위 내에서 그 소유물을 사용·수익·처분할 권리가 있다."(민법 제211조)고 규정하고 있다. 또 권리의 행사와 의무의 이행은 신의에 좇아 성실하게 하여야 하고, 권리는 남용하지 못한다(민법 제2조)고 규정하여 (신의성실의 원칙과 권리남용금지의 원칙) 소유권 존중과 사적자치에 제한을 두고 있다.

과실책임의 원칙에 대해서는, 일정한 불법행위의 경우에는 가해자가 자신의 책임이 없음을 증명하여야만 면책되게 하거나 혹은 자신의 무과실도 항변할 수 없게 함으로써 사회적 형평을 꾀하고 있다. 그런데 이 가운데 특히 신의성실의 원칙은 사법일반에 적용될 뿐만 아니라, 공법관계에도 적용되는 주요한 원칙이다.

3. 민법의 내용

1) 민법총칙

(1) 민법총칙의 의의

우리 민법전은 판덱텐(Pandekten)방식에 따라 총칙, 물권, 채권, 친족, 상속의 5개편으로 구성되어 있다. 그런데 물권, 채권, 친족, 상속의 각 편 혹은 각 장도 역시 총칙 혹은 통칙 규정을 두고 있다. 예컨대 제2편 물권에서 제1장은 총칙으로 규정하고, 제3편 채권에도 제1장을 총칙으로 규정하고 이러한 모습은 제4편 친족도 마찬가지이다. 제5편 상속은 제1장 제1절에 총칙을 두고 있으며, 이러한 형태는 법전의 하위 편제인 각 장, 절에도 나타난다. 이러한 점은 바로 판덱텐 방식의 특징인데 전체를 총칙과 각칙으로 나누고 그 각칙도 다시 그 각칙의 총칙과 각칙으로 가지치기를 해나가는 형태를 취하고 있다. 이렇게 본다면 민법전 제1편의 총칙은 민법 전반에 모두 적용되는 원칙들이어서 가족법에도 적용이 되는 것처럼 보인다.1)

(2) 민법총칙의 내용

민법총칙은 민법전체에 적용되는 근본원칙을 정하고 있다. 내용은 다음과 같다.

민법전 제 1편 총칙(제1조~제184조)은 통칙과 인·법인·물건·법률행위·기간·소멸시효라는 소제목으로 모두 7장으로 구성되어 있다. 민법총칙은 첫 부분에 통칙으로 법원(제1조)과 신의칙·권리남용금지(제2조)에 관한 규정을 두고, 권리를 중심으로 「누가 권리를 갖는가」 하는 권리의 주체에 관한 장(인·법인), 「무엇에 대하여 권리가 성립하는가」 하는 권리의 객체에 관한 장(물건), 「어떤 원인으로 권리가 발생·변경·소멸되는가」 하는 권리의 변동원인에 해당하는 법률행위에 관한 장과 역시 권리의 변동과 관련이 있는 기간이나 소멸시효에 관한 장을 두고 있다.

---

1) 그러나 그 점에 관해서는 국내 학자들의 견해가 나뉘고 있다. 일반적으로 총칙의 제1장 통칙의 두 조항(법원, 신의성실과 권리남용금지)과 기술적인 규정(자세한 것은 민법시간에 배우게 된다)들은 재산법과 가족법에 공통으로 적용되고 나머지는 가족법에 적용이 되지 않고 가족법의 특별규정으로 처리된다고 설명하고 있다.

기간의 계산 규정은 민법에서 기간 계산이 문제되는 경우뿐만 아니라 헌법·형법·민사소송법·형사소송법 기타 일체의 법령상의 기간 계산에 원칙적으로 적용된다(제155조 참조).

2) 물권법

(1) 물권법의 의의

물권법은 재화에 대한 인간의 지배관계와 이용관계를 규율하는 법이다. 민법의 물권은 소유권을 출발점으로 하여 우선 소유권의 취득과 보호 그리고 그 이전에 대하여 규정한다. 그 다음 소유권의 각 권능이 분리되어 독자적인 권리로 인정된 것, 즉 각종의 제한물권에 대하여 규정한다. 제한물권은 소유권의 일부를 내용으로 하는 권리이므로, 대체로 소유권이 가지는 성질을 공유한다. 민법이 정하는 제한물권으로는, 지상권·지역권·전세권·유치권·질권·저당권의 여섯이 있는데, 이들은 권리내용이 목적물을 용익하는 것인가 아니면 채권을 담보하는 것인가에 따라, 용익물권(지상권·지역권·전세권)과 담보물권(유치권·질권·저당권)으로 나뉜다. 한편 물권편에서 이채로운 존재는 점유에 관한 규정이다(제192조 내지 제210조). 이는 물건에 대한 사실상의 지배 그 자체를 보호하는 것으로서, 과연 점유가 정당한 법적 권원에 기한 것인가는 문제로 삼지 않는다.

물권법은 채권법과 달리 사적자치가 허용되는 범위가 극히 좁고 물권법 규정은 대부분 강행규정이다. 그 종류도 법률 또는 관습법에 의하지 않고서는 임의로 창설하지 못하게 되어 있다(제185조, 물권법정주의).

(2) 물권법의 내용

소유권: 소유권은 물건에 대한 전면적 지배를 내용으로 하는 권리로서, 소유자는 자신의 뜻대로 물건을 사용하고, 또 이로부터 수익을 얻어낼 수 있으며, 이를 처분할 수 있다(제211조). 물론 법률로써 이를 제한할 수 있다.

소유자의 이러한 권리를 정당한 이유 없이 방해하는 경우 소유자는 물권적 청구권을 행사하여 그 배제를 구하거나 손해가 있으면 손해배상을 청구할 수 있다.

제한물권: 제한물권에는 지상권 · 지역권 · 전세권의 용익물권과 유치권 · 질권 · 저당권의 담보물권이 있다. 이들은 유치권을 제외하고는 모두 그 대상인 물건의 소유자와의 계약에 기하여 설정하는 것이 원칙이다. 그 중 지상권 · 지역권 · 저당권은 원칙적으로 부동산에 대하여만 인정되며,[2] 질권은 동산과 권리(채권 등)에 대하여만 인정된다.

용익물권: 지상권은 타인의 토지 위에 건물과 같은 공작물이나 수목을 소유하기 위하여 그 토지를 사용하는 권리이다(제279조).

지역권은 통행이나 용수 등 일정한 목적을 위하여 타인의 토지를 자기 토지의 편익에 이용하는 권리이다(제291조).

전세권은 "전세금을 지급하고 타인의 부동산을 점유하여 그 부

---

2) 선박, 자동차, 항공기, 일정한 건설기계 등은 동산이지만 등기나 등록으로 그에 관한 권리관계를 공시하고 저당권이 설정될 수 있다. 또한 최근에는 부동산 자산이 부족한 영세중소기업이나 소상인이 보유한 원자재, 생산설비, 매출채권 등의 동산이나 채권을 담보로 등기하여 자본을 조달하는 법이 시행되었다(동산 · 채권 등의 담보에 관한 법률)

동산의 용도에 좇아 사용·수익"하는 권리이다(제303조 제1항 전단). 전세권자는 전세권이 소멸하여 위와 같은 용익권능을 상실한 후에는 전세목적물로부터 전세금을 다른 채권자보다 우선하여 반환받을 수 있다(제303조 제1항 후단). 따라서 전세권은 담보물권으로서의 성질도 아울러 가진다고 할 수 있다.

담보물권: 유치권은 어떤 물건에 관하여 생긴 채권을 가지는 사람이 그 물건을 점유하는 경우에는 그 채권의 만족을 얻을 때까지 유치할 수(즉 물건의 반환을 거부할 수 있는)권리이다(제320조 제1항).

질권은 채권의 담보로 채무자 또는 제3자가 제공한 동산을 점유하고 그 동산에 대하여 다른 채권자보다 자기 채권의 우선변제를 받을 권리이다(제329조). 여기서 우선변제를 받는다함은 목적물의 환가 등으로부터 우선적으로 자기 채권의 만족을 얻는 것을 말한다. 질권은 동산뿐만 아니라 채권 등의 권리도 목적물로 할 수 있다(권리질권 제345조).

저당권은 채무자 또는 제3자가 점유를 이전하지 아니하고 채무의 담보로 제공한 부동산에 대하여 다른 채권자보다 자기 채권의 우선변제를 받는 권리이다(제356조). 우선변제의 점에서 질권과 같지만, 동산을 목적물로 하는 질권과 달리 저당권은 부동산을 목적물로 한다. 또한 목적물도 저당권자 자신이 점유하지 않는다는 점에서 유치권이나 질권과 다르다.

3) 채권법

(1) 채권법의 특색

민법전 제3편 「채권」은 제1장 총칙, 제2장 계약, 제3장 사무관리, 제4장 부당이득, 제5장 불법행위의 5장으로 구성되어 있다. 강학상 총칙의 부분을 「채권총칙(혹은 채권총론)」, 계약 · 사무관리 · 부당이득 · 불법행위의 부분을 「채권각론(혹은 채권각칙)」이라고 한다.

채권각론은 주로 각종의 채권이 발생하는 원인 및 채권관계의 내용에 관하여 취급하고, 채권총론은 각론에서 취급하고 있는 각종의 채권에 공통된 일반사항을 다루고 있다.

채권법의 규정은 물권법 규정과 달리 일반적으로 당사자들이 이와 다른 내용의 합의를 함으로써 그 적용을 배제할 수 있는 임의법규이다. 또 어떠한 사항에 대하여 당사자가 별도의 합의를 하지 아니한 경우에는 이 규정에 의하여 그 사항이 처리되는 보충법규이기도 하다. 한편 채권법의 대상이 되는 거래는 합리성에 의하여 기술적으로 규율되고, 특히 국제거래가 빈번한 현대사회에서는 채권법이 국경을 넘어 통일화하는 경향을 나타내고 있다. 그러므로 채권법은 물권법 · 가족법과 달리 지방적 색채나 민족적 특징이 적고 국제적 · 보편적 성질을 가지고 있다.

(2) 채권법의 내용

① 채권총칙(채권총론)

채권총칙은 채권의 목적, 채권의 효력, 수인의 채권자 및 채무자, 채권의 양도, 채무의 인수, 채권의 소멸의 6절로 구분되어 있다.

민법전의 채권편 총칙의 제1절은 「채권의 목적」이다. 채권의 목적이란 일정한 행위에 의하여 채무자가 채권자에 대하여 유형 · 무형의 이익을 공여하는 급부를 가리킨다. 채권의 목적에서는 급부의 종류에 따라서 특정물채권 · 종류채권 · 금전채권 · 이자채권 · 선택채권에 관하여 규정하고 있다.

채권편 총칙 제2절은 「채권의 효력」인데, 채무불이행의 제 유형과 채무불이행에 의한 손해배상에 관한 규정을 두고 있다. 채무불이행의 유형에서는 이행불능이나 이행지체, 채권자지체를 규율하고 있고,[3] 채무불이행에 대한 구제방법으로 강제이행이나 손해배상에 관한 규정을 하고 있다. 또한 채권의 대외적 효력으로서, 채권자대위권 · 채권자취소권에 관한 규정이 있는데, 이들은 채무자의 변제자력(책임재산)의 유지 · 회복에 관한 제도이다.

채권편 총칙 제3절은 「수인의 채권자와 채무자」,즉 다수당사자의 채권관계이다. 분할채권관계 · 불가분채권관계 · 연대채무 · 보증채무를 취급하고 있다.

채권편 총칙 제4절과 제5절은 「채권의 양도 · 채무의 인수」이고, 채권의 양도성을 선언하는 한편, 주로 지명채권양도나 채무인수에 대하여 규정하고 있다.

채권편 총칙 제 6절은 「채권의 소멸」이고, 채권의 소멸사유로 변제 · 대물변제 · 공탁 · 상계 · 경개 · 면제 · 혼동을 규정하고 있다.

② 채권각론

채권각론은 채권총론에 기초하여 각종 채권의 발생 원인을 탐구하는 일을 과제로 삼는다. 채권의 발생 원인에는 계약 · 사무관리 · 부당이득 · 불법행위의 네 가지가 있는데, 그중 계약은 법률행위에

3) 강학상으로는 불완전이행도 채무불이행의 한 유형으로 설명하고 있다.

의한 채권의 발생 원인이고(약정채권관계), 나머지는 모두 법률의 규정에 의한 발생원인(법정채권관계)이다. 특히 계약과 불법행위가 현실적으로 중요하다.

계약: 계약이란 채권의 발생을 목적으로 하는 두 개의 대립되는 의사표시의 합치에 의하여 성립하는 법률행위를 말한다.

계약은 민법에서 사적 자치의 가장 중요한 수단으로 작용을 하고, 민법은 계약자유를 원칙으로 한다. 계약에 의하여 타인의 소유물을 취득하고, 타인의 물건을 이용하고, 타인의 노동력을 지배하고, 화폐를 자본으로 활용할 수 있다. 특히 자본주의 경제는 전적으로 계약을 통하여 영위되고 있고, 계약자유의 원칙은 자본주의 경제에서 자유경쟁에 대응하는 법적 표현이라고 할 수 있다. 다만 자본주의 경제가 발전하고 독점단계로 이행한 현대사회에서는 점차 부합계약이 증가하고, 계약자유에 대한 각종의 제한이 강화되는 특징이 있다. 민법은 15개의 전형적인 채권계약을 규정하였지만, 이는 예시일 뿐이지 그 15종만이 유효하다는 뜻은 아니다. 도리어 계약자유의 원칙에 따라 당사자의 계약이 임의규정들에 앞선다. 즉 15종의 전형계약은 당사자의 의사를 보충하는 기준으로서 의미를 갖는다. 15종의 전형계약은 증여, 매매, 교환, 소비대차, 사용대차, 임대차, 고용, 도급, 여행계약, 현상광고, 위임, 임치, 조합, 종신정기금, 화해이다. 판텍텐체계의 특징으로서 각종 계약의 통칙적 규정도 당연히 존재하는데 이를 계약총론이라고 한다. 계약총론의 내용으로서는 계약의 성립, 계약의 효력, 계약의 해제(해지) 등이 있다.

사무관리: 사적 자치·자기책임의 원칙에 입각하는 한 자기의 사무는 자기만이 처리할 수 있고, 원칙적으로 타인이 개입할 수 없다. 그러나 인간이 사회생활을 영위하는 이상 상호부조는 반드시 필요하다고 할 수 있다. 사무관리제도는 상호부조행위를 적법행위로 승인하고 법적인 채권채무관계의 성립을 인정하여 본인과 사무관리자 사이의 조정을 도모하는 제도이다. 길 잃은 아이를 돌봐준다든지 이웃가게의 물건을 그 주인이 잠시 자리를 비운 사이에 대신 손님에게 팔아준다든지 하는 것 등이 그 예가 된다.

부당이득: 법률상 원인 없이 타인의 재산 또는 노무로 이익을 얻고 이로 인하여 타인에게 손해를 가한 자에 대하여 그 이익의 반환을 명하는 제도이다. 매매계약이 착오를 이유로 취소되어 매수인은 이미 지급한 대금의 반환을 구하고 매도인은 목적물의 반환을 구하는 경우 등이 그 예가 될 것이다.

불법행위: 고의 또는 과실로 인한 위법행위로 타인에게 손해를 끼치는 것을 불법행위라고 한다. 가령 고의 또는 과실로 타인의 신체를 손상시킨다든지, 타인의 재산을 파손한다든지 하는 행위가 그것이다. (고의 또는 과실로 인한 위법한 행위여야 하므로 정당방위 등에 의한 경우는 제외됨을 주의)

불법행위는 계약과 더불어 가장 중요한 채권발생 원인이다. 불법행위의 효과로 손해배상책임이 발생하는데, 그 책임의 내용(손해배상의 범위, 금전배상의 원칙, 과실상계 등)에 대하여는 대체로 채무불이행으로 인한 손해배상책임에 대한 여러 규정이 준용되고 있다. 불법행위는 과실책임의 원칙이 지배하므로 가해자는 자기에게 고의 또는 과실이 있는 경우에 한하여 손해배상책임을 부담하고, 가해자의 고의·과실을 피해자가 입증할 수 없다면, 가해자의 책임이 면제된다고 할 수 있다. 다만 최근의 과학기술의 발달·기업시설의 확대는 가공할 위험을 수반하여 더 이상 전통적인 과실책임론으로 처리하기가 적당하지 않다고 하는 주장과 함께 무과실책임론이 유력하게 대두되고 있다. 또한 불법행위의 영역에서는 사회생활의 복잡화와 관련하여 프라이버시권·환경권과 같은 새로운 권리의 보호가 요청되고 있다.

민법전은 일반적 불법행위에 관한 규정 이외에 특수한 불법행위에 해당하는 책임무능력자의 감독자의 책임, 사용자책임, 공작물점유자·소유자의 책임, 동물점유자의 책임, 공동불법행위 등을 규정하고 있다.

5) 가족법

(1) 가족법의 구성과 특색

부부와 자녀 등의 일정한 신분관계를 가진 사람들이 애정으로 결합하며 공동생활을 하는 생활관계와 자손에게 재산을 상속케 하는 생활관계에 관한 규율이 가족법이다.

가족법은 친족법과 상속법으로 구성된다는 것이 종래의 지배적인 견해였으나, 최근에는 구미에서처럼 친족법만을 가족법으로 보고 상속법은 재산법 쪽에 더 가깝다고 보는 견해들도 등장하고 있다.

가족법은 인간의 혼인과 출생을 출발점으로 하여 전개되는 친족관계 등 신분적 공동생활관계를 규정한 법률의 체계이며, 상속법은 인간의 사망에 따라서 생기는 재산상속에 관하여 규정한 법률

체계이다. 둘 다 직접적으로는 인간의 사적 생활에 관한 것이지만, 여기서 규율대상이 되는 사적 생활은 국가의 구성단위인 가족공동체에 관한 것이므로 국가가 관심을 가진다. 법원이나 신분등록사무를 취급하는 시읍면장이 공적 차원에서 그에 관여하는 것도 그 때문이다. 따라서 가족법은 강행규정적 성격이 강하다.

가족법이 규율하는 생활영역은 관습이나 습속 등이 전통적인 힘으로 강하게 작용하기 때문에 민족적 특색이 크게 나타나며, 윤리성이 강하게 지배한다(친족의 범위, 금혼범위의 예).

(2) 친족법의 내용

친족법의 내용도 크게 부부사이의 법률관계, 부모와 미성년자녀간의 법률관계, 앞의 두 관계를 제외한 그 밖의 친족관계로 나뉜다.

부부사이의 법률관계는 약혼, 혼인, 이혼이 그 내용을 이룬다. 친자간의 법률관계는 생물학적인 혈연관계와 법정혈연관계로 나뉘고 전자에는 친생추정(적출성의 확인 및 부인), 인지 등이 포함되고 후자에는 입양문제를 다룬다. 그리고 전 · 후자 양자의 모두에 친권이 적용된다. 기타 친족관계의 내용으로는 친족의 범위, 부양문제, 후견 등이 있다.

(3) 상속법의 내용

상속이란 자연인의 사망에 의하여 사자(死者, 피상속인)가 가지고 있던 모든 재산법상의 지위가 사자와 일정한 친족관계에 있는 자(상속인)에게 포괄적으로 승계되는 제도를 가리킨다.

이러한 승계의 형태로서는 법정상속과 유언상속이 있다. 법정상속이란 상속인이 될 자의 범위와 순위나 상속분과 같이 상속에 관한 중요한 사항을 미리 법률로 정하고 피상속인의 자유에 맡기지 않는 상속을 의미하고, 유언상속이란 유언자가 유언을 통하여 자신의 사망 시에 대비하여 자신이 가지는 재산관계에 관하여 최종적인 의사를 밝힌 경우에는 그에 의하여 문제가 처리되는 것을 말한다.

우리 민법은 2가지를 모두 인정하고 있는데, 유언상속(법률 행위 자유의 원칙상)이 우선하고[4] 법정상속은 유언이 없거나 유언이 무효인 경우에 보충적으로 적용된다.

한편 유류분제도를 두어 유언이나 피상속인이 생전에 행한 증여 때문에 법정상속인의 상속에의 기대가 침해되는 경우에 유언자유(유언상속)와 법정상속인의 보호(법정상속)의 타협을 꾀하고 있다.

---

4) 단, 우리 민법에서는 유언자가 상속인을 지정하는 것이 허용되어 있지 않다.

| 토론주제 |

1. 근대민법의 3대 원리와 그 수정과정을 살펴보자.

2. 우리의 일상생활에서 흔히 볼 수 있는 계약의 예를 들어보자.

「참고문헌」

각종 민법 교재

제12장
기업의 법률관계

1. 상거래는 특별한 재산관계이다.

사법관계는 크게 가족관계와 재산관계로 나누어진다. 가족관계는 부부관계를 중심으로 하여 친자관계와 친족관계에까지 미친다. 사람은 법률이 없더라도 남녀가 결합하고, 친자관계를 낳으며, 나아가 혈연자간에 특수관계를 보존해 나갈 것이다. 가족관계는 종교, 도덕, 관습 등이 규제하는 측면이 강하다. 그러나 근대국가는 가족관계를 규제하는 종교, 도덕, 관습 등의 일부를 법률로 하여 국가권력으로 강화할 뿐만 아니라 필요한 경우에는 변경을 가하기도 한다. 여기서 순수한 가족관계를 다루는 법을 친족법이라고 하고, 이를 상속법과 합해서 보통 가족법(family law)이라고 부른다. 가족관계는 모든 사람에게 공통되기 때문에 민법에서 다룬다.

재산관계는 우리의 의식주와 기타 경제적 수요를 만족시키는 유형·무형의 재화를 자기 자신의 것으로 하여 이를 소유하고 거래하는 관계이다. 재산관계는 보통의 경우(민사관계)와 상거래의 경우(상사관계)가 다르다. 재산의 교역, 즉 상(商)이라는 특수한 거래관계에 있어서는 보통의 거래관계와는 다른 법률이 저절로 발생했다. 특히 근대 자본주의 발달에 따라서 대량거래를 하게 됨에 따라 대금지급에 '어음'을 사용하고, 상품 운송도중 상품을 '창고'에 보관시키고, 육상 및 해상의 '운송인'을 이용하고, '보험'이라는 제도에 의하여 위험을 분산하고, 다시 기업주체를 '회사'라는 조직으로 하여 자본조달을 하는 등 그 특수성이 점점 현저하게 되었다. 여기서 상거래 관계를 규제하는 특수한 법률인 상법을 보통의 거래관계를 규제하는 민법과 구별하기에 이르렀다. 그 결과 재산관계는 민법의 규제를 받는 것과 특히 상법의 규제를 받는 것으로 구별되게 되었다. 이에 따라 재산법은 민법과 상법으로 나누어진다. 여기서 양자의 관계는 상사에 관한 사항에 대하여는 먼저 상법의 규정을 적용하고, 상법에 특별한 규정이 없으면 민법을 적용한다(상법 제1조). 예컨대, 상인간의 매매가 문제로 되었을 때, 우선은 상법의 매매에 관한 규정(상법 제67조부터 제71조까지)을 적용하고, 상법에 특별한 규정이 없을 때에는 민법의 매매에 관한 규정(민법 제563조부터 제595조까지)을 적용하게 된다. 이와 같은 관계를 나타내기 위하여 민법은 일반법 상법은 특별법이라고 하고, 특별법은 일반법에 우선한다고 한다(특별법 우선의 원칙).

2. 상거래의 특색

'상사'. 즉 재산관계이면서 특히 상법이 적용되는 상거래의 특색은 무엇인가? 상거래에는 영리성이 불가결한 특색이다. 영리목적을 효과적으로 달성하기 위해서는 여러 사람을 상대로 같은 행위를 계속 반복할 필요가 있다. ①여행지에서 우연히 싼 물건을 사서 친구에게 팔아 이익을 남기는 경우와, ②백화점이 규격을 갖춘 많은 상품을 진열하고 여러 사람을 상대로 동일한 가격과 조건으로 신속히 파는 경우를 비교해 보면, 후자가 영리목적을 달성하는데 보다 효과적인 방법임을 알 수 있을 것이다. 이것을 달리 표현하면, 영리목적과 영리목적을 효과적으로 달성하기 위한 행위의 반복성과 집단성, 그리고 반복성과 집단성에 수반되는 행위의 개성상실과 정형화라는 특색이 상거래의 특색이 된다. 다시 말하면 영리목적, 반복성, 집단성, 개성상실, 정형화라고 하는 여러 특색을 갖춘 거래행위가 상법의 대상이 되는 상거래라는 것이다.

3. 상법의 대상

상법의 대상과 관련해서 상법전에서는 이를 '상사'라는 말로 표현하고 있다(상법 제1조). 그런데 상법전에는 상인, 상행위, 회사, 보험, 해상 등 별로 관계가 없어 보이는 것들이 마치 장난감처럼 잡다하게 들어 있다. 이런 것들이 모두 '상사'라고 한다면 그 공통점은 무엇인가? 원래 '상' (Handel)이란 경제학상의 개념으로서 유형재화의 전환을 매개하는 것을 의미한다. 즉, 상이란 물건을 구입 또는 교환에 의하여 조달하고, 이것을 다시 같은 형태로 소비자, 생산자 또는 매개자에게 이익을 얻고 양도하는 행위라고 할 수 있다. 자급자족경제가 교환경제로 발전하여 처음 상인이 출현할 당시의 상의 실체는 이러한 경제적 의미의 상에 한정되었으므로, 법률적 의미의 상도 이러한 행위를 그 대상으로 하였다.

그러나 근대에 들어와 경제가 발전함에 따라 법률적 의미의 상은 그 범위가 점차로 확대되기 시작하였다. 즉 법률적 의미의 상에는 경제적 의미의 상뿐만 아니라 이것과 직접 또는 간접적으로 밀접한 관계가 있으며, 또한 이를 준비하고 촉진하며 안전하게 하는 모든 보조업도 포함되게 되었다. 그 결과 1807년 프랑스상법에서는 위탁매매업, 대리상, 운송업, 은행업, 보험업 등에 관한 규정을 두었을 뿐만 아니라, 경제적 의미의 상과는 아무런 관련이 없는 촬영업까지도 상행위의 범위에 포함시켰다. 이후 1897년 독일신상법과 1911년 스위스채무법에서는 상행위의 내용에 구애됨이 없이 영업의 형식과 그 범위만을 고려하여 상인의 의의를 정하는 기준으로 삼았으며, 어떠한 사업을 하든지 회사의 생활관계는 모두 상법의 대상이 되기에 이르렀다. 이처럼 법률적 의미의 상의 범위가 크게 확대됨에 따라 상의 개념은 경제적인 개념을 그대로 사용하지 않고, 상법의 독자적인 입장에서 규정하게 되었다.

이처럼 법률적 의미의 상의 범위가 크게 확대되었으므로, 이와 같이 광범위하고 복잡한 생활관계를 대상으로 하는 법규를 상법으로 통일시키려면 중심이 되는 본질적 생활관계인 상법의 대상이 무엇인가 하는 것을 찾지 않으면 안 된다. 상법의 대상을 설명하는 데는 여러 가지 이론이 있으나, 우리나라 통설에 의하면 상법은 기업적 생활관계, 즉 기업생활의 특수한 수요에 부응하기 위하여 형성된 '기업에 관한 법'이라고 한다(기업법설). 기업법설은 비일란트(Wieland)가 처음 주장한 것으로, 상법의 대상인 생활관계를 기업이라는 개념을 통하여 비교적 내용면에서 통일적으로 파악하는

데 성공한 이론이라고 할 수 있다. 기업이란 계속적 의도를 가지고 계획적으로 영리목적을 달성하기 위하여 활동하는 통일적이며 독립적인 경제적 생활체를 말한다. 기업법설에 의할 때 상법은 결국 '기업에 관한 특별사법'이라고 할 수 있다.

4. 상법의 내용

형식적 의미의 상법으로 성문법인 상법전이 있다. 우리나라 상법전은 1962년 법률 제1000호로 공포되고 1963년 1월 1일부터 시행되었다. 상법은 그 후 1984년, 1991년, 1995년, 2010년, 2011년, 2014년 등 여러 차례 개정되었다. 특히 1997년 이후 상법 개정이 빈번하게 이루어졌는데, 이는 1997년 IMF 사태 이후 국내경제의 어려움이 회사법의 낙후성에 큰 원인이 있다는 지적에 따라, 기업의 지배구조를 개선하고 기업경영을 투명하게 하기 위해 선진 외국의 새로운 제도(예컨대 사외이사, 감사위원회, 집중투표, 주식매수선택권stock option 제도 등)를 많이 도입하였기 때문이다. 2011년에도 2차례 상법개정이 이루어졌는데, 4월 14일 개정에서 무액면주식, 집행임원, 회사기회유용금지, 합자조합과 유한책임회사(새로운 기업형태) 등 새로운 제도가 도입되고 회계제도가 개선되었으며, 5월 23일 개정에서는 제6편 항공운송이 새로이 신설되었다.

상법은 총칙(제1편), 상행위(제2편), 회사(제3편), 보험(제4편), 해상(제5편), 항공운송(제6편)의 총 6개편으로 구성되어 있다. 그밖에 상법전에는 들어 있지 않으나, 중요한 상법의 법원으로서 어음법과 수표법이 있다. 대학에서의 상법강의는 다음과 같이 4개 부분으로 이루어진다.

1) 상법총론

상법총론 강의는 상법 제1편 총칙과 제2편 상행위를 대상으로 한다. 제1편 총칙에서는 기업을 구성하는 인적시설과 물적 시설에 관하여 규정한다. 기업의 인적시설에는 상인과 상업사용인이 있고, 물적 시설에는 상호, 상업장부, 상업등기, 그리고 영업소 등이 있다. 상인에는 당연상인과 의제상인이 있는데, 당연상인이란 자기명의로 상행위를 하는 자를 말하고(상법 제4조), 의제상인이란 점포 기타 유사한 설비에 의하여 상인적 방법으로 영업을 하는 자로서 상행위를 하지 않는 자를 말한다(상법 제5조). 제2편 상행위에서는 기업이 이윤을 추구하기 위하여 벌이는 각종의 영업행위, 즉, 상행위에 관하여 규정한다. 상행위에는 당연상인의 개념을 정하는 데 기초가 되는 기본적 상행위와, 상인이 영업을 위하여 하는 보조적 상행위가 있다. 우선 총론에서 상행위에 적용되는 통칙과 상사매매, 상호계산, 익명조합, 합자조합에 관하여 규정하고, 특히 상행위가 민법상의 법률행위와 다른 점에 관하여 규정한다. 다음 각론에서는 대표적인 기본적 상행위인 대리상, 중개업, 위탁매매업, 운송주선업, 운송업, 공중접객업, 창고업, 그리고 금융리스업, 가맹업, 채권매입업에 관하여 규정한다.

2) 회사법

회사법은 상법 제3편을 대상으로 한다. 회사란 상행위나 그 밖의 영리를 목적으로 하여 설립한 법인을 말한다(상법 제169조). 오늘날 대부분의 기업은 회사, 특히 주식회사 형태를 취하고 있으므로, 회사법은 상법 중에서도 가장 중요한 위치를 차지하고 있다. 회사법은 통칙에서 회사의 개념, 회사의 성립, 회사의 합병, 회사의 해산명령 등을 규정한다. 다음 각론에서는 회사의 종류별로 합명회사, 합자회사, 유한책임회사, 주식회사, 유한회사의 순서로 규정한다. 주식회사란 주주의 출자에 의한 자본금을 가지고, 자본금은 주식으로 분할되며, 주주가 주식의 인수가액을 한도로 회사에 대해서만 유한책임을 지는 회사를 말한다. 2011년 상법개정시 새로이 도입된 유한책임회사는 사원들이 유한책임을 지면서도, 주식회사와 달리 지배구조를 유연하고 탄력적으로 설계할 수 있는 회사형태이다. 회사법 강의는 주식회사를 중심으로 이루어지며, 주식회사의 설립, 주식, 기관, 신주의 발행, 정관의 변경, 자본의 감소, 회사의 계산, 사채, 해산, 합병, 분할, 청산, 상장회사에 대한 특례 등이 주요 내용을 이룬다.

3) 보험해상법

보험해상법은 상법 제4편과 제5편, 그리고 제6편을 대상으로 한다. 보험이란 같은 위험에 놓여있는 사람들이 하나의 위험단체를 구성하여 통계적 기초에 의하여 산출된 보험료를 내어 기금을 마련하고, 우연한 사고를 당한 사람에게 보험금을 지급함으로써 경제생활의 불안을 없애거나 더는 집단적 구제제도를 말한다. 보험은 인간의 이성이 개발해낸 가장 훌륭한 제도의 하나로써, 사회가 점차 복잡해지고, 고도화됨에 따른 위험의 증가는 보험에 대한 일반인의 관심을 더욱 증가시키고 있다. 보험법 가운데 영리보험에 관한 법을 좁은 의미의 보험법 또는 보험계약법이라고 하며, 상법 제4편은 이와 같은 보험계약법을 그 대상으로 한다. 보험법에서는 보험계약 일반, 보험계약의 체결과 효과, 손해보험 그리고 인보험 등에 관하여 규정한다.

해상법은 해상기업에 관한 법이다. 해상기업 가운데 가장 대표적인 것은 해상운송업이다. 해상법에서는 해상기업의 조직과 영업활동(권리, 의무, 책임 등) 등에 관하여 규정한다. 해상기업도 일반 기업과 마찬가지로 인적조직과 물적 조직을 필요로 하지만, 해상기업의 특징은 그 활동이 선박이라고 하는 특수한 물적 조직에 의하여 이루어진다는 점이다. 인적 조직으로는 해상기업의 주체로서 선박소유자와 정기용선자 등이 있고, 보조자로 선장 등이 있다. 해상기업은 바다를 무대로 한다는 점에서 외국과의 법률문제가 많이 발생하기 때문에 많은 국제조약이 성립하고 있다. 해상법에서는 해상기업조직 이외에 해상기업활동, 해상기업위험, 그리고 해상기업금융 등에 관하여 규정한다. 2011년 신설된 제6편 항공운송에 대해서도 강의한다.

4) 어음수표법

어음수표법은 어음법과 수표법을 대상으로 한다. 어음이란 발행인이 일정금액의 지급을 목적으로 발행한 유가증권으로써, 약속어음과 환어음의 2가지 종류가 있다. 약속어음이란 발행인 자신이 일정금액을 지급할 것을 약속하는 어음을 말하고, 환어음이란 발행인이 제3자에게 일정금액의 지급을 위탁하는 어음을 말한다. 수표란 발행인이 지급인인 은행에 대하여 수취인에게 일정금액을 지급할 것을 위탁하는 형식의 유가증권을 말한다. 오늘날에는 어음과 수표가 일반인에 의해서도 널리 이용되고 있으므로, 기업의 생활관계를 규제하는 형식적 의미의 상법에는 속하지 않는다. 이에 따라 어음법과 수표법은 상법과는 별개의 단행법으로 존재한다. 그러나 어음과 수표가 원래 기업에 의해 고안되었고, 또한 현재에도 기업에 의해 가장 많이 이용되고 있기 때문에 어음수표법은 상법 강의에서 중요한 비중을 차지한다.

어음수표법 강의는 크게 총론과 각론으로 구성된다. 총론에서는 유가증권 일반이론과 어음(수표)행위, 어음(수표)행위의 대리, 어음(수표)의 위조와 변조, 어음(수표)의 실질관계 등에 관하여 다룬다. 각론에서는 각종의 어음(수표)행위, 즉 발행, 인수, 배서, 보증, 참가인수, 지급보증에 관하여 차례로 다룬다. 그밖에 상환청구, 선의취득, 이득상환청구권, 항변, 지급, 수표에 특유한 제도 등에 대해서도 다룬다.

5. 상법의 기본원리

1) 개인 의사의 자유존중

사람의 재산관계는 가족관계에 비하여 합리적이다. 가족관계에는 인정이나 애정이라는 비합리적인 요소가 많지만, 재산관계에는 그것이 적다. 영리관계에서는 합리성이 더욱 철저해진다. 앞에서 상거래의 특색으로 열거한 여러 가지 특색은 모두 영리목적 하에 개인이 합리적으로 행동한 결과이다. 합리적인 행동의 원동력은 개인의 의사이므로, 상거래에서는 개인 의사의 자유를 존중하고 합리적인 행동을 보장하는 것이 상거래를 가장 합리적으로 만드는 것이다. 이 점에서 상법은 민법보다 더욱 개인 의사의 자유를 존중한다는 기본원리가 생겨난다.[1] 예컨대, 민법에서는 돈을 빌려주고 동산에 질권을 설정한 경우 채무자가 기한까지 변제하지 않더라도 채권자는 변제에 갈음하여 질물의 소유권을 취득할 수가 없다(유질계약의 금지: 민법 제339조). 경제적 약자인 채무자를 보호하려는 취지이다. 그러나 상법에서는 유질계약이 허용된다(상법 제59조). 이해타산이 밝은 상거래에서 채무자를 보호한다는 것은 무의미하고, 유질계약은 기업금융의 원활화와 신속한 상거래를 위하여 필요하기 때문이다.

2) 엄격성

상법의 기본원리는 개인 의사의 자유를 존중하는 것만은 아니다. 또 하나 이와 모순되어 보이는 개인 의사를 제한하는 엄격성이 필요하다. 상거래는 신속성을 중요시한다. 상거래의 특색인 반복성, 집단성, 정형화도 사실은 다수의 거래행위를 간단하고 신속하게 처리하기 위한 것이다. 거래행위를 간단하고 신속하게 처리하기 위해서는 그 기초로써 매우 견고한 제도를 필요로 한다. 예컨대, 회사 제도에서는 모든 회사가 동일한 조직을 가지고 있어야만 어느 회사를 상대로 하더라도 마음 놓고 신속한 거래를 할 수 있게

1) 개인의 재산관계와 가족관계를 규제하는 사법의 기본원리는 자유와 평등이다. 사법의 기본원리가 확립된 것은 근대법이며, 이를 통해 개인의 창의력을 자극하고 정신적·물질적 발전에 노력하도록 함으로써, 경제와 문화가 획기적으로 발전할 수 있었다. 이에 대해 공법의 기본원리는 명령과 강제이다.

된다. 어음 제도에서도 모든 어음이 동일한 형식과 효력을 가지고 있어야만 누구의 어음이라도 안심하고 주고받을 수 있게 된다. 회사가 설립자의 의사에 의하여 자의적인 조직을 가질 수 있다거나, 어음이 발행자의 의사에 의하여 다른 효력을 가질 수 있다고 한다면, 회사와 거래하거나 어음을 주고받을 때에 일일이 신중한 조사를 하지 않으면 안 되게 된다. 결국 간단하고 신속한 거래는 불가능하게 된다. 따라서 상거래의 기초가 되는 제도에 관하여는 개인 의사의 자유를 제한하고, 일률적으로 엄격한 법률을 정하지 않으면 안 된다. 이에 따라 상법은 상거래 자체(행위법)에 관하여는 개인 의사의 자유를 존중하면서도, 상거래의 기초 내지 수단이 되는 제도(조직법)에 관하여는 엄격한 법의 간섭이라는 2개의 이상을 기본원리로 하게 된다. 그러나 조직법의 영역에서 개인 의사의 자유를 부정하고 법이 엄격하게 간섭한다고 하여도, 이는 어디까지나 행위법의 영역에서 개인 의사의 자유를 최대한도로 발휘할 수 있도록 하기 위한 수단에 지나지 않는다는 점을 기억하여야 한다.

| 토론주제 |

1. 민법과 상법과의 관계에 관하여 설명하여 보라.

2. 상거래의 특색에 대하여 토론하여 보자.

「참고문헌」

각종 상법 교재

我妻 榮 (조재석 역), 민법안내 - 사법의 길잡이, 육법사 1991.

제13장
범죄와 형벌

1. 형법의 의의

형법은 범죄와 형벌에 관한 법, 보다 정확히는 어떤 행위가 범죄이고 그 범죄에 대하여 어떠한 형사제재가 부과되는가를 규정한 법규범의 총체이다.

따라서 범죄와 형사제재 (형벌, 보안처분)에 관한 법이면 넓은 의미에서의 형법에 속하고, 좁은 의미에서의 형법은 형법이라는 명칭으로 공포된 법률 (1953. 9. 18. 법률 제293호), 이른바 형법전을 말한다. 이러한 협의의 형법 이외에도 국가보안법, 폭력행위 등 처벌에 관한 법률, 특정범죄가중처벌 등에 관한 법률 등의 특별형법도 존재한다.

형법은 사회규범과 비교해서는 물론이고 같은 법규범 중에서도 가장 강력한 사회적 제재수단을 갖고 있다. 경우에 따라서는 사람의 생명까지도 박탈할 수 있는 힘을 형법은 가지고 있는 것이다.

따라서 아무리 사회적으로 유해한 행위라 할지라도 형사처벌보다 가벼운 수단으로 제재할 수 있다면 그 조치에 우선순위가 주어져야 한다. 즉, 형법적 제재가 정당화되기 위해서는 종교·윤리·도덕 등의 사회규범과 민법·행정법 등의 법규범이 먼저 나서야 하며, 형법은 이러한 규범들이 문제를 처리하지 못할 때 비로소 보충적으로 투입되어야 하는 것이다('형법의 보충성'). 예를 들어 계약불이행자를 형법으로 처벌할 수 있는가, 부모에 대한 폭행 등을 행사하는 데까지 나아가지 않은 '불효'를 형법으로 처벌할 수 있는가, 또는 폭행과 강제가 없는 동성연애를 '반윤리적'이라고 하여 형법으로 처벌할 수 있는가 등에 대하여 생각해보라.

2. 형법의 두 가지 기능 - '양날이 선 칼'

형법의 기능과 관련하여 여러 가지 분류가 있으나, 여기서는 형법의 본질적 기능으로서 법익보호기능과 자유보장기능의 두 가지에 초점을 맞춘다.

첫째, 법익보호기능이다. 형법은 다른 규범이 해낼 수 없는, 그리고 인간의 공동생활에서 불가결하다고 인정된 이익을 보호하는 기능을 갖는다. 형법적 보호를 받을 자격이 있는 이러한 이익을 법익(法益)이라고 한다(물론 법은 도덕의 최소한이라는 측면이 있으므로 형법은 법익보호 외에도 사회윤리적 가치도 보호한다). 형법이 보호하는 법익에는 개인적 법익, 사회적 법익 그리고 국가적 법익이 있다. 개인적 법익이란 생명, 신체, 인격, 명예, 재산 등의 법익을 말하고, 사회적 법익은 통화·문서에 대한 신뢰, 교통의 안전 등을 말하며, 국가적 법익은 국가의 안전, 국가기밀의 보호, 민주적 기본질서의 보호 등을 말한다.

둘째, 자유보장기능이다. 형법의 법익보호기능이 아무리 중요하다 할지라도 이는 자의적으로 행사되어서는 안되며 고도로 정형화하여 추구되어야 한다. 일반인의 법익보호욕구는 극단화될 가능성을 항상 가지고 있기 때문이다. 형법은 범죄와 형벌을 명확히 규정하여 국가의 형벌권을 제약함으로써 개인뿐만 아니라 범죄인의 자유와 권리까지도 보장한다. 형법은 국민이 형법에 규정되어 있는 범죄 이외의 어떤 행위를 하더라도 범죄자로 처벌되지 않는다는 것을 보장하며, 또한 범죄인도 형법이 정해진 형벌의 범위 내에서만 처벌되고 그 범위를 넘어선 처벌을 허용하지 않는다. 이를 형법의 마그나 카르타적 기능이라고도 부르며, 후술할 죄형법정주의를 통하여 달성된다.

형법은 이렇게 모순되는 과제를 동시에 수행해야 하는 어려움을 갖는다. 리스트의 말을 빌자면 형법은 '양날이 선 칼'인 것이다. 이 모순의 해결은 해당 사회가 공유하고 있는 인간상, 법문화 등과 관련되어 있다. 우리 사회에서는 형법의 어떠한 기능이 강조되어 왔는지, 그리하여 어떠한 문제가 발생하였는지 생각해보자.

3. 죄형법정주의

죄형법정주의란 형사입법과 형법해석을 지도·제약하는 최고원리로서 어떤 행위가 범죄로 되고 이에 대하여 어떠한 처벌을 할 것인가는 반드시 행위시 이전에 명확히 제정된 성문의 법률에 규정되어 있어야 한다는 원칙을 말한다. 이는 "법률 없으면 범죄 없고, 법률 없으면 형벌 없다"(nullum crimen, nulla poena sine lege)라는 표어로 요약되고 있다. 이 원리는 국가의 형벌권의 확장과 자의적 행사로부터 시민의 자유를 보장하기 위한 형법의 최고원리이다. 죄형법정주의는 우리 헌법 제12조 제1항과 제13조 제1항, 형법 제1조 제1항, 형사소송법 제323조 제1항에서 천명되고 있으며, 그 구체적 내용은 다음과 같다.

1) 법률주의

범죄와 형벌은 성문의 법률에 의하여 규정되어야만 한다는 원칙이다. 따라서 범죄와 형벌과 관한 관습은 형법의 법원으로 허용되지 않는다('관습형법금지의 원칙'). 관습법과 같은 불문법은 그 존재 여부, 내용 및 범위가 불분명하기 때문에 관습에 의한 범죄의 성립과 처벌을 허용하는 경우에는 국민의 자유와 권리가 부당히 침해될 우려가 있다. 따라서 관습에 의하여 새로운 구성요건을 만들거나 기존의 구성요건에 덧붙여 처벌하는 것은 허용되지 않는다. 단, 관습에 의하여 구성요건을 폐지 · 축소하거나 형을 감경하는 것은 관습형법금지의 원칙에 반하지 않는다.

2) 명확성의 원칙

형법은 범죄의 구성요건과 형사제재의 종류 및 범위를 명확히 규정하여야 한다. 법률에 범죄와 형벌을 가능한 한 명확하게 확정하여야 법관의 자의적 해석 · 적용을 방지할 수 있고, 국민은 어떤 행위가 범죄이고 그 행위에 대하여 어떤 제재가 가해지는지를 예측할 수 있게 된다.

"건전한 국민감정에 의해 처벌받아 마땅하다고 인정되는 범행은 처벌한다"라는 나치스의 법률이 어떠한 결과를 가져왔는가를 생각해보면 이 원칙의 실천적 의미를 알 수 있을 것이다. 그리고 교통질서가 극히 문란하게 되어 시민의 안전이 심각하게 위협받고 있다는 비난이 거세게 일자 국회는 다음과 같은 법률을 제정하였다고 가정해보자. "도로운행 중 타인에게 위험을 야기한 자는 이를 처벌한다." 이 경우 어떠한 문제가 생길 수 있을 것인지 생각해 보라. 또한 현행 국가보안법 제7조의 "반국가단체의 찬양·고무·동조"에 대해서도 어떠한 문제가 발생할 수 있을지 생각해보라.

3) 소급효금지의 원칙

형사입법자는 사회적 이목을 끄는 반사회적 행위가 발생하였는데도 적용할 수 있는 법률이 없을 때 소급적으로 범죄를 창설하거나 법률이 있더라도 해당 형벌을 가중하여 대처하려는 유혹에 빠지기 쉽다. 만약 이를 허용하여 행위시에 범죄가 되지 않는다고 신뢰한 행위자를 처벌하거나 그가 예측한 것보다 불이익한 처벌을 할 경우 법에 대한 국민의 신뢰와 국민의 행동의 자유는 보장될 수 없다. 이에 범죄의 성립과 처벌은 반드시 행위시의 법률에 의거해야 하고 행위 후에 제정한 법률의 소급효를 인정하여 행위자에게 처벌상의 불이익을 주는 것은 금지된다는 원칙이 도출되는 것이다. 이 원칙은 형사사후법금지의 원칙이라고도 하며, 헌법 제13조 제1항, 형법 제1조 제1항에 규정되어 있다. 그러나 행위자에게 유리한 경우에는 사후법의 소급효는 인정된다(형법 제1조 제2항 및

제3항 참조).

그런데 많은 굴곡이 있었던 우리 현대사에는 소급효를 인정한 예가 여러 번 있었다. 예를 들어 일제로부터 해방 후 친일부역자 처벌을 위해 소급입법이 만들어졌으며, '4월 혁명' 직후에는 반민족행위에 대한 소급입법, '문민정부' 수립 이후에는 '12.12'와 '5.18' 관련자에 대한 소급입법이 제정되었다. 이러한 소급입법은 정당화될 수 있는가, 있다면 어떠한 이유에서 그러한가를 '국민주권'의 문제와 관련하여 생각해보라.

4) 유추적용금지의 원칙

유추해석이란 법률에 규정이 없는 사항에 대하여 그것과 유사한 성질을 가지는 사항에 관한 법률을 적용하는 것을 말하는데, 죄형법정주의는 유추해석을 통하여 구성요건을 창설하거나 형벌을 가중하는 것을 금한다. 이를 허용할 경우 형법이 갖는 보장적 기능은 훼손되며 피고인에게 예측하지 못한 불이익을 주기 때문이다. 예컨대 형법 제52조나 국가보안법 제16조 제1호에 따른 '자수'는 범행이 발각되고 지명수배된 후의 자진출두도 포함하는 것으로 판례가 해석하고 있는데, 공직선거법 제262조에 따른 '자수'의 경우에는 그 범위를 제한하여 '범행발각 전 자수'로 한정하는 해석을 해도 될 것인지 생각해 보라. 또는 승객이 탑승한 후 항공기의 모든 문이 닫힌 때부터 내리기 위하여 문을 열 때까지 항공기가 지상에서 이동하는 경로를 '항로'라고 해석할 수 있을지 생각해보라.

다만, 모든 규범은 해석을 필요로 하며 해석 자체가 하나의 유추적 사고과정을 기초로 하기에 허용되는 해석과 금지되는 유추 사이의 한계가 분명한 것은 아니다. 한편 유추는 항상 금지되는 것은 아니고 피고인에게 유리한 방향으로는 허용된다.

5) 적정성의 원칙

이상의 원칙이 형식적으로는 모두 지켜진다고 하더라도 만약 형벌법규의 내용이 실질적 정의에 부합하는 적정한 것이 아니라면 죄형법정주의의 정신은 무너지게 된다. 즉 국가가 법률 없이 형벌권을 남용하는 것이 아니라 불합리한 내용의 법률에 의해서도 국민의 자유를 침해할 수 있는 것이다('법률적 불법'). 따라서 죄형법정주의는 내용이 '적정한' 법률이 없으면 범죄 없고 형벌 없다는 원칙으로 재확립되어야 한다. 적정성의 원칙은 바로 형법에 있어서 실질적 법치주의를 구현하는 것으로, 헌법 제10조 "인간으로서의 존엄과 가치" 보장에 그 규범적 뿌리를 두고 있다.

적정성의 원칙으로부터는 몇 가지 하위원칙이 파생되는데, 형법은 인간의 공동생활을 보장하기 위한 불가결한 침해에 제한되어야 한다는 '필요성의 원칙', 행위자는 책임이 있는 경우에 한하여 책임의 정도를 초과하지 않는 범위 내에서 형벌이 부과되어야 한다는 '책임주의', 범죄와 형벌 사이에는 적정한 균형이 유지되어야 하며 잔혹한 형벌은 금지되어야 한다는 '죄형균형의 원칙'(또는 '과잉금지의 원칙') 등이 그것이다.

4. 범죄

1) 범죄의 개념

범죄의 개념은 실질적 범죄개념과 형식적 범죄개념으로 구분되는데, 전자는 법익을 침해하는 반사회적 행위, 형벌을 과할 필요가 있는 불법 등으로 정의될 수 있으며 주로 형사정책학에서 파악하는 범죄개념이다. 이렇게 실질적 범죄개념은 실정형법의 규정에 얽매이지 않고 어떠한 행위를 범죄로 해야 할 것인가라는 범죄의 실질성에 초점을 맞춘다. 이에 반해 형식적 범죄개념은 실정형법을 전제로 한 범죄개념으로, 이는 통상 형법의 구성요건에 해당하고 위법하며 책임 있는 행위로 요약된다.

2) 구성요건해당성

구성요건이란 형법에 추상적으로 규정되어 있는 위법행위의 유형이다. 가벌행위가 되기 위해서는 형법이 형벌로 금지하고 있는 구성요건이 규정하고 있는 모든 표지를 실현해야 하며, 이 경우 그 행위는 구성요건해당성이 있다고 한다.

구성요건의 표지는 객관적 표지와 주관적 표지로 나눌 수 있는데, 행위의 주체 · 행위의 객체 · 행위의 결과 · 행위상황 · 인과관계 등이 객관적 표지에 속하고, 고의/과실 · 목적 등이 주관적 표지에 속한다.

(1) 행위

어느 누구도 범죄적 의사를 가진 것만으로는 처벌되지 아니한다. 범죄의사가 행위로 표현된 경우에 비로소 형법의 개입이 시작된다. 이를 '행위형법의 원칙'이라고 한다.

형법상의 행위에는 일정한 동작을 한다는 적극적인 태도로서의 작위와 규범적으로 기대되는 일정한 동작을 하지 아니한다는 소극적 태도로서의 부작위가 있다. 모든 사람의 부작위가 작위와 같이 평가되는 것이 아니다. 결과발생을 방지할 의무가 있는 자, 즉 보증인의 부작위만이 구성요건해당성이 있게 된다. 예컨대 수영강습을 받고 있는 어린이가 수영미숙으로 익사하려고 할 때 수영교사가 그 어린이를 방치하였다면 어린이를 구출할 작위의무를 위반하였으므로 부작위에 의한 살인죄에 해당하게 된다. 이러한 보증인 지위는 법령, 계약, 조리, 선행행위 등에 의하여 발생한다.

(2) 인과관계

인과관계란 발생한 결과를 행위자에게 그의 행위로 귀속시키려면 행위와 구성요건적 결과 사이의 어떠한 연관이 있어야 하는가의 문제이다. 인과관계가 부정되면 기수범이 아니라 미수범이 성립한다(형법 제17조 참조).

우리나라의 대법원이 취하고 있는 상당인과관계설에 의하면, 사회생활상의 경험칙에 따르면 일정한 행위로부터 일정한 결과가 발생하는 것이 상당하다고 평가할 수 있을 때 형법상의 인과관계를 인정한다. 최근에는 인과관계의 존부를 확정하는 문제와 발생한 결과를 행위자에게 귀속시킬 수 있느냐의 문제를 구분하고, 전자는 형법적 판단의 기초를 제공하는 것에 불과하므로 후자에 초점을 맞추려는 경향이 강하다.

(3) 고의

고의란 행위자가 구성요건의 객관적 표지에 해당하는 사실을 인식하고, 구성요건을 실현하려는 의사이다. 고의가 없는 행위는 원칙적으로 처벌되지 아니한다(형법 제13조 참조).

고의의 정도에 있어서 고의의 지적 요소와 의지적 요소 중에 어느 것을 본질적인 것으로 보느냐하는 학설의 대립이 있는데, 통설인 인용설은 의지적 요소를 중시하되 결과 발생에 대한 적극적 의욕까지는 필요하지 않고 결과 발생을 부득이한 것으로 인용하는 소극적 의지가 있으면 고의를 인정한다.

특히 결과 발생을 적극적으로 희망하지는 않았으나 부득이한 것으로 인용하는 정도의 고의를 미필적 고의라고 한다. 예를 들어, 사장으로부터 꾸중을 들은 종업원이 화가 나 발화물질 옆에서 담배를 피우면서 그 곳에서 담배 피우는 것이 위험한 것임을 알았지만 불이 나더라도 개의치 않겠다고 생각하고 담배를 피우다가 화재를 낸 경우 방화죄의 미필적 고의가 인정되는 것이다.

(4) 과실

과실은 정상의 주의의무에 위반하여 구성요건에 해당하는 객관적 사실을 인식하지 못하거나 결과 발생을 회피하지 아니한 경우를 말한다. 과실범은 법률에 특별한 규정이 있는 경우에 한하여 처벌된다(형법 제14조 참조).

과실의 본질적 요소는 주의의무위반이라는 규범적 요소에 있는데, 주의의무란 자신의 행위로 인하여 구성요건적 결과가 발생하지나 않을까를 예견하고 그 결과의 발생을 방지하기 위하여 방어조치를 취해야 할 의무를 말한다.

오늘날 주의의무의 범위를 한정하는 원리로서 교통사고 사건에서 '신뢰의 원칙'이 판례에 의해 확립되어 있다. 이 원칙에 따르면 스스로 교통규칙을 준수한 운전자는 다른 교통관여자가 교통규칙을 준수할 것이라고 신뢰하면 족하고, 교통규칙에 위반하여 비이성적으로 행동할 것까지 예견하고 이에 대한 방어조치를 취할 의무는 없다. 예컨대, 자동차운전자는 상대방이 차선을 침범하거나 도로의 좌측부분으로 운행하는 것까지 예상하여 이를 대비할 주의의무는 없다.

(5) 결과적 가중범

결과적 가중범이란 고의에 의한 기본범죄에 의하여 행위자가 예견하지 않았던 중한 결과가 발생한 때 그 형이 가중되는 범죄를 말한다. 폭행치사죄(형법 제262조) 또는 상해치사죄(형법 제259조)가 그 예인데, 여기서 결과적 가중범의 구조가 '고의에 의한 기본범죄'(예: 폭행행위, 상해행위) + 제2의 중한 결과(사망)'로 되어 있음을 알 수 있다. 이렇게 볼 때 결과적 가중범은 기본범죄에 대한 고의와 중한 결과에 대한 과실이 있어야 성립하는 고의와 과실의 결합형식이다.

(6) 구성요건적 착오

행위자가 주관적으로 인식·인용한 범죄사실과 현실로 발생한 범죄사실이 일치하지 않는 경우에 구성요건적 착오(또는 사실의 착오)의 문제가 발생한다. 예컨대 옆집의 유리창을 깨뜨릴 의도(손괴의 고의)로 돌을 던졌는데, 돌이 빗나가서 옆집 어린이가 맞아 다친 경우(상해의 결과의 발생), 갑을 살해하려는 수소문하던 중

뒷모습이 비슷한 을을 갑인 줄 알고 살해한 경우('객체의 착오'), 갑을 살해하려고 총을 쏘았으나 빗나가 을을 살해한 경우('타격의 착오') 등이 그 예이다. 이 경우 어느 범위에서 발생한 사실에 대하여 고의·기수책임을 인정할 것인가가 문제가 된다.

우리나라 대법원이 취하고 있는 법정적 부합설에 따르면, 행위자의 인식과 발생한 사실이 법정적 사실의 범위, 즉 동일한 구성요건에 속하면 고의·기수책임을 인정한다. 앞의 첫 번째 예에서 행위자는 손괴미수죄와 과실치상죄와의 상상적 경합이라는 형사책임을 지며, 두 번째 예에서는 을에 대한 살인죄의 고의·기수책임이 인정된다.

3) 위법성

범죄성립의 두 번째 요건인 위법성이란 구성요건에 해당하는 행위가 전체 법질서에 비추어 보아 허용되는가의 문제이다. 구성요건은 위법행위의 유형이므로 구성요건에 해당하는 행위는 위법하다는 추정을 받는다. 그런데 금지규범이나 명령규범은 구체적인 경우 허용규범을 내포하고 있는데, 이를 위법성조각사유 또는 정당화사유라고 한다.

(1) 정당행위

법령에 의한 행위 또는 업무로 인한 행위 기타 사회상규에 위배되지 아니하는 행위는 위법성이 조각된다(형법 제20조). 법령에 의한 행위로는 검사 또는 사법경찰관의 긴급체포(형소법 제200조의 3) 등과 같은 공무원의 직무집행행위, 노동쟁의행위(헌법 제33조

제1항), 현행범인의 체포(형소법 제212조) 등이 있다. 업무로 인한 행위로는 변호사의 업무행위(변론 중의 명예훼손)나 성직자가 고해성사로 범인을 알고 이를 고발하지 않은 행위 등이 있다. 그리고 사회상규에 위배되지 아니하는 행위는 사회통념상 용인될 만한 상당한 이유가 있는 행위를 의미하며, 그 구체적 내용은 해석에 의하여 충족되어야 하는 개념이다.

(2) 정당방위

자기 또는 타인의 법익에 대한 현재의 위법한 침해를 방위하기 위한 행위로서 상당한 이유가 있는 때에는 정당방위가 성립되어 위법성이 조각된다(형법 제21조 제1항). 이는 위법한 침해에 대하여 허용되는 것이므로 그 본질은 "부정 대 정"의 관계로 표현되며, 반드시 위법한 침해일 것을 요하지 않는 긴급피난과 구별된다.

그리고 정당방위가 성립하기 위해서는 침해의 현재성이 요구되는데, 이와 관련하여 장래 예상되는 침해의 경우 정당방위가 가능한가를 둘러싸고 쟁점이 있다. 의붓아버지로부터 12살 때 강간당한 후 계속적으로 성관계를 강요받아오다가 결국 남자친구와 함께 잠자고 있던 의붓아버지를 살해한 사건을 생각해보라.

(3) 긴급피난

긴급피난은 자기 또는 타인의 법익에 대한 현재의 위난에 직면한 경우에 다른 정당한 법익을 희생시킴으로써 이 위난을 면하는 행위로서 상당한 이유가 있는 행위이다(형법 제22조 제1항). 즉 긴급상황에 빠진 법익을 보호하기 위하여 다른 법익을 침해하지 않고서는 달리 피할 방법이 없을 때 인정되는 정당화사유이다. 예를 들어 광견병이 걸린 이웃집의 도사견을 막다른 골목길에서 만났는데 이 개가 이 자신을 물려고 덤벼 주위에 있던 몽둥이로 내리쳐 죽인 경우가 있을 것이다. 이 경우 사람의 생명이 타인의 재산보다 우위의 법익이기 때문에 법익침해가 정당화되는 것이다. 그러나 사람의 생명은 교량할 수 없는 것이기에, 다수인의 생명을 구하기 위하여 소수인을 살해하는 것은 긴급피난으로 정당화될 수 없다.

(4) 자구행위

자구행위란 권리의 침해를 받은 자가 그 침해로부터 발생한 청구권을 보전하기 위하여 공권력에 의한 구제를 받을 여유가 없는 긴급한 사정 하에 자력에 의하여 그 권리를 구제·실현하는 행위를 말한다(형법 제23조 제1항). 권리침해가 발생하면 공력구제가 원칙이지만, 긴급시에 국가권력의 대행으로서 자구행위가 허용된다. 예컨대 무전숙박 후 도주하는 손님을 체포한다거나, 국외로 도주하려는 채무자를 체포하는 경우가 그 예이다.

(5) 피해자의 승낙

피해자의 승낙이란 법익의 주체가 상대방에게 자기의 법익에 대한 침해를 허락하는 것을 말하고, 승낙을 받은 법익침해행위는 원칙적으로 위법성이 조각된다(형법 제24조). 권투시합에 출전한 권투선수의 부상, 장기이식에 있어서 장기제공의 승낙이라든가 헌혈 등이 그 예이다. 그러나 피해자의 승낙이 있다고 하더라도 법률이 위법하다고 보아 처벌하는 경우가 있다. 형법 제305조의 미성년자 간음·추행죄, 제252조 제1항의 승낙살인죄 등이 그 예이다.

피해자가 현실적으로 승낙하지는 않았으나 행위 당시의 객관적 사정을 종합하여 판단하면, 피해자의 당연히 승낙하였을 것이라고 기대되는 경우에는 '추정적 승낙'의 법리에 의하여 위법성이 조각된다. 예컨대 빈 이웃집에 불이 나 불을 끄기 위해 창문을 부수고 들어간 행위, 교통사고로 의식불명인 환자에 대한 동의없는 의사의 수술행위 등이 그 예이다.

4) 책임

책임은 위법한 행위에 대하여 행위자를 개인적으로 비난할 수 있는냐의 문제를 말한다. 책임이 없으면 범죄가 성립하지 않고 형벌도 따르지 않기 때문에 "책임 없으면 형벌 없다"라고 하는 책임주의의 명제는 근대형법의 대원칙이다.

책임비난이 가능하려면 행위자에게 책임능력이 갖추어지고 위법성의 인식(가능성)과 적법행위에의 기대가능성이 있어야 한다. 그리고 책임비난을 불가능하게 하는 사유로는 책임조각사유 또는 면책사유를 구성하거나 책임감경사유가 있으면 된다.

(1) 책임능력

책임능력이란 행위의 불법성을 변별하고 이에 따라 행동할 수 있는 능력으로, 행위자에 대한 비난가능성의 기본요건이 된다. 형법은 책임능력을 소극적 방향에서 책임무능력의 경우(책임조각)와 한정책임능력의 경우(책임감경)를 규정하고 있다(형법 제9조~제11조). 책임무능력자로는 만14세 미만의 형사미성년자(제9조)와 심신상실자(제10조 제1항)가 있고, 한정책임능력자로는 심신미약자(제10조 제2항)와 농아자(제11조)가 있다.

책임능력은 범죄행위시에 존재하여야 하는데('책임능력과 행위의 동시존재의 원칙'), 그 예외로서 '원인에 있어서 자유로운 행위'(actio libera in causa)가 있다. 원인에 있어서 자유로운 행위는 책임능력 있는 자가 고의 또는 과실로 자신을 심신장애 상태에 빠뜨리고 이러한 상태에서 범죄를 실현하는 것을 말한다. 마약을 복용하고 환각상태에서 강도를 범한 경우가 그 예인데, 이 경우 행위자는 형법 제10조 제3항에 의하여 형벌의 면제나 감경을 받지 못한다.

(2) 위법성의 인식과 위법성의 착오

위법성의 인식이란 자신의 행위가 법질서에 위반하여 허용되지 않는다는 행위자의 인식을 말하는데, 이는 책임비난의 핵심이다. 행위자에게 위법성의 인식이 결여된 경우를 '금지의 착오' 또는 '법률의 착오'라고 부른다. 즉 행위자가 무엇을 하는가는 인식하였으나 그것이 허용된다고 오인한 경우를 말한다. 선물로 받은 장물은 장물취득죄에 해당되지 않는다고 믿었거나, 위법성조각사유의 상황이 존재하지 않는데 존재한다고 오인하고 행위한 경우가 그 예이다.

형법 제16조에 따르면 위법성의 착오에 정당한 이유가 있으면, 즉 회피불가능한 착오이면 책임이 조각되고, 그 착오에 정당한 이유가 없으면, 즉 회피가능한 착오이면 책임이 긍정된다.

(3) 기대가능성

기대가능성이란 행위 당시의 구체적 사정에 비추어 보아 행위자에게 위법행위 대신에 적법행위로 나아갈 것을 기대할 수 있는 것을 말한다. 이 기대가능성이 있을 때 행위자에게 책임비난이 가능하고, 적법행위를 기대할 수 없으면 책임이 조각된다. 저항할 수 없는 폭력이나 자기 또는 친족의 생명, 신체에 대한 위해를 방어할 방법이 없는 협박에 의하여 강요된 행위(형법 제12조), 친족 간의 범인은닉, 증거인멸(형법 제151조 2항, 155조 4항), 그리고 과잉방위(형법 제21조 제3항), 과잉피난(형법 제22조 제3항) 등이 기대불가능성을 이유로 한 책임조각사유이다.

5) 미수

범죄의 실현단계는 범행의 결의 → 예비 · 음모 → 실행의 착수 → 결과의 완료의 순서로 진척된다. 예비와 음모는 모두 범죄실현을 위한 준비단계로서, 예비는 범죄실현을 위한 물적 형태의 준비행위이고, 음모는 2인 이상의 자 사이의 범죄실현을 위한 심적 준비행위를 말한다. 예비 · 음모는 법률에 특별한 규정이 없는 한 벌하지 아니한다(형법 제28조).

예비 · 음모에서 미수단계로 넘어가는 경계가 '실행의 착수'이다. 실행에 착수하여 행위를 종료하지 못하였거나 결과가 발생하지 아니한 경우가 미수이다('장애미수'). 예를 들어, 갑이 타인의 창고에 침입하여 물건을 보자기에 싸던 도중 야간경비원의 야경소리에 놀라 그 범행을 중지하고 도망한 경우이다. 미수는 범죄의 미완성단계로서 구성요건을 완전히 실현하여 범죄의 완성단계에 있는 기수와 다르다. 미수범을 처벌할 범죄는 형법각칙에서 규정하고(형법 제29조), 처벌하는 경우에도 형을 기수범보다 감경할 수 있다(임의적 감경 : 제25조 제2항). 이러한 '장애미수'의 경우 외에 형법은 제26조 중지미수, 제27조 불능미수를 규정하고 있다.

(1) 중지미수

범죄의 실행에 착수한 자가 범죄의 완성에 이르기 전에 자의로 착수한 행위를 중지하거나 결과의 발생을 방지한 경우를 중지미수라 하며, 형의 필요적 감경 또는 면제사유로 되어 있어서 미수범 중 가장 관대한 취급을 받는다(형법 제26조). 예를 들어, 갑은 절도의 의사로 외출중인 을의 집에 침입하여 절취할 물건을 물색하였으나 을의 집이 지지리도 가난함을 알고 동병상련을 느껴 범행을 중지하고 도망한 경우이다.

중지미수의 형의 감면근거가 '자의'에 의한 중지이므로 자의성을 어떻게 판단하느냐가 중요하다. 이에 관하여는 일반 사회통념상 범죄수행에 장애가 될 만한 사유가 있는 경우는 장애미수이고, 그러한 사유가 없음에도 자기의사에 의해 중지한 경우에 자의성을 긍정하는 절충설이 다수설과 판례의 입장이다.

(2) 불능미수

범죄의 실행에 착수였으나 행위의 수단 또는 대상의 착오로 인하여 결과의 발생이 불가능하지만 위험성이 있는 경우를 불능미수라 하고, 형의 임의적 감경 또는 면제사유로 되어 있다(형법 제27조). 감기약을 독약인 줄 알고 타인을 살해하기 위하여 먹인 경우는 수단의 착오가 있는 불능미수이고, 타인의 물건인줄 알고 자기의 물건을 훔친 경우는 대상의 착오가 있는 불능미수이다.

불능미수는 불능범과 구별해야 하는데, 불능범이란 실행에 착수하였으나 행위의 수단 또는 대상의 착오로 인하여 결과의 발생이 불가능하고 위험성조차도 없는 경우를 말하며, 처음부터 범죄가 아니다. 무협지에 나오는 장풍수련을 따라한 후 이를 통해 사람을 죽일 수 있다고 믿고 타인을 향해 장풍을 만들어내는 동작을 한 경우를 그 예로 들 수 있겠다.

6) 공범

형법총칙상의 공범은 구성요건의 규정형식상 1인이 실현할 것으로 되어 있으나 현실적으로 2인 이상이 관여하여 범죄를 실현한 경우이다. 공동정범, 교사범, 방조범 (=종범)이 이에 속한다. 그런데 형법학에서 보통 공범이라 하면 협의의 공범으로서 교사범과 방조범만을 가리키고, 성질상 정범에 속하는 공동정범, 간접정범과 구별된다.

(1) 공동정범

형법 제30조는 공동정범에 관하여 "2인 이상이 공동하여 죄를 범한 때에는 각자를 그 죄의 정범으로 처벌한다"라고 규정하고 있다. 공동정범의 특징은 분업적 공동실행에 있으며, 2인 이상의 기능적 행위지배가 있은 경우 각자는 발생된 결과 전부에 대하여 책임을 진다.

공동정범과 관련하여 쟁점이 되는 것은 과실범의 공동정범과 이른바 '공모공동정범'을 인정할 것인가이다. 과실범의 공동정범은 예를 들어 부실건축공사와 관련하여 설계자, 시공자, 감리자 등에게 각각의 과실이 모두 있고 이 과실이 합하여 사고가 일어난 경우를 어떻게 볼 것인가의 문제이다. 우리나라 대법원은 이 경우 과실, 즉 주의의무위반을 공동으로 하였다고 보고 공동정범의 성립을 인정한다. 이 경우 공동정범 각자의 개별적 주의의무위반 여부와 인과관계의 입증은 불필요하게 된다는 비판이 일고 있다. 한편 공모공동정범 이론은 2인 이상의 자가 공모하여 그 공모자 가운데 일부가 범죄를 실행하였을 때 실행행위를 분담하지 않은 공모자도 공동정범의 책임을 져야 한다는 것으로, 조직범죄의 배후인물을 처벌하기 위하여 일본 최고재판소가 만든 이론을 우리나라 대법원이 수용한 것이다. 그러나 전혀 실행행위를 분담하지 아니한 공모자를 단지 공모의 사실만을 가지고 처벌하는 것은 행위책임의 원칙과 개인책임의 원칙에 위반된다는 비판이 학계에서 강력히 제기되고 있다.

(2) 간접정범

간접정범이란 어느 행위로 처벌되지 아니하는 자 또는 과실범으로 처벌되는 자를 이용하여 범죄행위의 결과를 발생하게 하는 것을 말한다. 예를 들어 의사 갑이 집안의 원수 A가 자신의 병원에 환자로 오게 되자, 독약이 든 주사를 그 정을 모르는 간호원 을에게 건네주면서 주사하라고 말하였고 그 결과 A는 사망하였다고 할 때, 갑은 을을 도구로 이용하여 범죄를 실행한 간접정범이 된다.

(3) 교사범

교사범이란 범죄의사 없는 타인(=정범)으로 하여금 범죄 실행의 결의를 일으키게 하고, 이 결의에 의하여 범죄를 실행하게 한 자를 말한다.

교사범은 공동으로서 정범인 피교사자의 실행행위에 종속해서 성립하며, 피교사자와 동일한 형으로 처벌된다(형법 제31조 제1항). 교사자가 교사했으나 피교사자가 범죄 실행을 결의하지 않은 경우

라든가 피교사자가 범죄 실행을 결의하였으나 실행행위에 나아가지 않은 경우에는 이른바 '교사의 미수'라고 해서 교사자를 예비·음모에 준하여 처벌한다(형법 제31조 제2항 및 제3항).

(4) 방조범 또는 종범

방조범은 타인(=정범)의 범죄 실행을 용이하게 하는 직접, 간접의 행위를 한 자를 말한다. 범행도구의 제공, 망보기와 같은 유형적 방법과 격려, 기술적 조언과 같은 무형적 방법의 방조가 있다. 방조범은 공범으로서 정범인 피방조자의 실행행위에 종속해서 성립하며, 정범의 형보다 감경된다(동조 제2항).

(5) 공범과 신분

구성요건이 행위의 주체를 일정한 신분을 가진 자로 한정하고 있는 경우를 신분범이라 한다. 신분범에는 일정한 신분이 있는 자만이 범할 수 있는 진정신분범과, 일정한 신분이 있음으로 해서 형벌이 가중되거나 감경되는 부진정신분범이 있다.

신분없는 자가 신분있는자의 범행에 가공해서 진정신분범을 범한 경우에도 형법은 비신분자에게 진정신분범의 공범(공동정범, 교사범, 방조범)의 성립을 인정한다(형법 제33조 본문). 그리고 신분없는 자가 신분있는 자의 범행에 가공해서 부진정신분범을 범한 경우에는 통상의 범죄의 공범으로 처벌된다(동조 단서). 예컨대 공무원이 아닌 자가 공무원에 가공하여 진정신분범인 수뢰죄(형법 제129조 제1항)를 범한 경우에 수뢰죄의 공범이 성립하고, 직계비속이 아닌 자가 직계비속에 가공하여 부진정신분범인 존속살해죄(형법 제250조 제2항)를 범한 경우에 통상의 범죄인 보통살인죄

(동조 제1항)의 공범으로 처벌된다.

5. 형벌과 보안처분

1) 형벌

형벌은 범죄행위에 대한 제재로서 국가가 해악을 부과하는 것이다. 형법상 형벌의 종류에는 사형 · 징역 · 금고 · 자격상실 · 자격정지 · 벌금 · 구류 · 과료 · 몰수 등의 9종이 있다. 사형은 수형자의 생명을 박탈하는 생명형이다. 징역은 수형자를 교도소에 구치하여 정역에 복무하게 하는 형벌이며, 금고는 징역과 같이 자유를 박탈하는 형벌이나 정역에 봉사하지 않는 점에서 차이가 있다. 그리고 구류는 1일 이상 30일 미만의 기간 동안 수형자를 구치소 내에 구치하는 자유형이다. 한편 벌금형은 범죄인으로 하여금 일정한 금액을 지불하도록 강제하는 형벌이고, 과료는 벌금형과 마찬가지로 재산형의 일종이나 금액(2,000원 이상 50,000원 미만)과 그에 따른 노역장유치기간에서 차이가 난다. 몰수는 범죄의 반복을 막거나 범죄로부터 이득을 얻지 못하게 할 목적으로 범죄행위와 관련된 재산을 박탈하는 것을 내용으로 하는 형벌이다. 자격상실과 자격정지는 일정한 형을 받은 자에게 공무원이 되는 자격, 공무원 선거권과 피선거권 등 일정한 권리를 상실 또는 정지시키는 명예형이다.

2) 보안처분

보안처분은 범죄로부터 사회를 방위하고 범죄인을 재사회화하기 위하여, 특정범죄인에 대하여 형벌부과로는 그 목적달성이 부적합한 경우 시행하는 처분이다. 보안처분은 형벌이 아니기 때문에 책임원칙이 관철되지 않는다. 소년범에 대한 보호관찰, 보호관찰부 선고유예 . 집행유예를 받은 자에 대한 보호관찰, 심신장애자나 중독자에 대한 치료감호, 사상범에 대한 보호관찰 등이 그 예이다.

| 토론주제 |

1. 범죄를 예방하기 위하여 엄격하고 무거운 처벌을 하는 것이 효과적인지 아닌지 토론하여 보자.

2. 정당방위와 긴급피난은 서로 어떻게 다른지, 정당방위와 과잉방위와는 어떻게 구별되는지 살펴보자.

「**참고문헌**」

각종 형법 교재

체자레 베카리아 저, 이수성 · 한인섭 역, 범죄와 형벌, 길안사

제14장
권리에 대한 법적 보호
- 사법제도와 소송절차 -

1. 민사소송

1) 민사소송의 의의와 이상

(1) 민사소송의 의의

민사소송이라 함은 개인상호간의 생활관계에서 발생하는 법률상의 분쟁과 이해관계의 충돌을 국가의 재판권에 의하여 강제적으로 해결·조정하기 위한 절차를 가리킨다. 사적 분쟁해결 방법으로는 민사소송 외에 자력구제, 조정, 중재 등이 있으나 그로써 분쟁해결이 되지 않을 경우에는 결국 민사소송에 의하게 된다. 그러므로 민사소송은 국가의 사법기관인 법원이 사법상의 권리 또는 법률관계의 존부를 확정하고, 필요한 경우에는 강제적 수단으로 이를 실현하는 절차인 것이다.

민사소송은 법원이 사인간의 분쟁에 대립하는 이해관계인을 관련시켜서 법을 적용하여 재판 또는 집행하는 법률적 절차이므로 이를 규율하는 민사소송법은 사법권을 행사하는 법원의 구성과 작용을 정하고, 소송관여자의 능력 및 자격 그리고 재판 및 그 집행의 요건·방식·효과 등을 규정하게 된다. 민사소송법은 형식적으로는 공권력의 주체로서의 국가와 국민간의 재판권행사관계를 규율하는 법이므로 공법에 속하지만, 민사소송의 대상자체는 사법상의 법률관계이므로 민사소송법은 기능적으로 사법과 제휴하여 민사법의 부문을 형성하면서 국가법질서에 실효성을 부여하고 있는 것이다. 이처럼 민사소송제도는 공법적 제도이면서 사법적 특질을 지니고 있다.

(2) 민사소송의 2단계

민사소송의 절차는 크게 판결절차와 강제집행절차로 나눌 수 있다. 판결절차는 소의 제기에 의해 시작되어 판결로 완결되는 소송절차이며, 원고의 소송상의 청구가 옳으냐 그르냐를 판결로써 판단하는 것을 목적으로 한다. 강제집행절차는 판결에 의하여 확정된 바를 피고가 자발적으로 이행하지 않은 경우에 국가권력으로 원고의 권리를 강제적으로 실현시키는 절차이다. 그런데 판결절차의 진행중 책임재산의 소멸이나 감소 등의 사정이 발생하여 판결을 받더라도 현실적으로 사법상의 권리가 실현되지 못하는 경우를 방지하기 위하여 법원이 채권자의 신청에 의하여 후의 집행을 보전하는 처분을 할 수 있다. 이를 보전처분이라고 하고 가압류, 가처분 등이 이에 속한다.

(3) 민사소송제도의 이상

민사소송은 적정, 공평, 신속, 경제를 그 이상으로 한다.

적정이란 올바른 재판, 즉 승소할 자가 승소하는 것을 의미하는데, 적정한 재판은 정확한 사실인정에 의한 실체적 진실발견과 정당한 법률적 적용에 의해 이루어진다. 재판이 올바른 것이어야 한다는 것은 당연한 요청이다. 만일 재판이 올바르지 않다면 소송제도는 있으나마나 한 것으로, 사법부에 대한 심각한 불신을 낳을 것이다. 적정한 재판이 보장되도록 하기 위한 제도의 대표적인 것으로는 상소와 재심을 들 수 있다.

공평이란 소송의 심리에 있어서 양당사자를 공평하게 취급하는 것을 의미하는데 공평한 재판에 의해 적정도 이룰 수 있다. 공평한 재판이 보장되도록 하기 위한 제도로 대표적인 것이 법관의 제척 · 기피 · 회피제도이다.

신속이란 가능한 빨리 민사소송절차를 종결하여 재판을 해 주는 것이다. 소송절차의 지연에 의한 권리보호의 지연은 권리보호 그 자체를 거절하는 것과 같은 결과를 초래할 수도 있다. 신속의 이상을 달성하기 위하여 민사소송법은 각종의 기간을 법으로 정하고 늦게 낸 소송자료는 법원이 이를 받아들이지 않을 수 있도록 규정(실기한 공격방어방법의 각하)하고 있고, 종국 판결선고기간을 두어 1심의 경우 제소일로부터 5개월 이내에, 2심과 3심의 경우에는 기록송부를 받은 날부터 각각 5개월 이내에 사건처리를 끝내도록 규정하고 있다(민소법 제 199조).

경제란 소송에 있어 비용을 가능한 적게 들게 하는 것으로 경제적인 소송에 의해 효율성을 도모할 수 있을 뿐만 아니라 자력이 없는 자도 쉽게 소송제도를 이용할 수 있다. 이를 위하여 청구병합과 공동소송, 변론병합, 소송구조(訴訟救助), 소액사건 심판 등의 제도를 두고 있다.

2) 판결절차

(1) 소의 제기

① 소의 의의

민사소송절차는 당사자가 소를 제기함으로써 개시되는데, 소를 제기하는 당사자를 원고, 원고가 상대방으로 지정한 당사자를 피고라 한다.

소는 원고가 특정인을 피고로 지정하여 특정 법원에 대하여 자신의 사법상의 권리 또는 법률관계에 기한 청구에 대하여 심리하고 청구가 정당하다는 판단을 하여 달라는 신청이다. 소의 제기는 소장을 관할 법원에 제출함으로써 이루어진다.

② 소의 종류

소는 원고가 자신의 권리를 보호하여 달라고 하는 형식(청구의 내용)에 따라 다음의 3가지로 나뉜다.

이행의 소: 원고가 피고에게 일정한 의무를 이행하라고 청구하는 소이다. 이는 피고에 대한 이행명령의 선언을 구하는데 목적이 있으며 "피고는 원고에게 금 100만원을 지급하라"는 판결이 이행판결의 예이며 기판력이 발생한다.

확인의 소: 어떤 권리, 법률관계의 존부를 확인하여 줄 것을 청구

하는 소이다. 당사자간에 다툼 있는 법률관계를 관념적으로 확정하여 법률적 불안을 제거하려는 것이 그 주요목적이다. “A가옥은 원고의 소유에 속한다”라는 판결이 그 예이다.

형성의 소: 기존의 법률관계의 변경 또는 새로운 법률관계의 발생을 청구하는 소이다. 법률관계를 변동시키는 판결을 목적으로 하고 명문의 규정으로 허용되는 경우에만 인정하는 것이 원칙이며 “A와 B는 이혼한다”는 판결이 그 예이다.

위 3가지 중 어떤 종류의 소를 제기할 것인지는 원고가 결정한다.

③ 소장의 작성과 제출

원고가 소를 제기하려면 원칙적으로 소장을 작성하여 관할권 있는 법원에 제출하여야 한다.

소장에는 당사자와 법정대리인의 표시, 청구취지, 청구원인을 기재하여야 한다.

청구취지는 원고가 소로써 구하는 법률효과의 내용과 범위 및 피고는 원고에게 금 0000원을 지급하라(이행의 소), 특정 부동산이 원고의 소유임을 확인한다(확인의 소), 원고와 피고는 이혼한다(형성의 소)는 식으로 특정하여 기재하여야 한다.

청구원인은 원고가 그와 같은 청구를 할 수 있게 되는 원인이 되는 것으로 일정한 법률효과의 발생에 필요한 법률요건사실을 기재한다.

④ 소장심사

원고가 소장을 법원에 제출하면 법원 안에서 사건을 배당한다.

사건을 배당받은 재판부에서는 우선 재판장이 소장을 심사한다. 심사할 사항은 소장의 기재사항이 제대로 적혔는가, 인지를 제대로 붙였는지 등이다. 만일 제대로 되어 있지 않으면 재판장은 원고에게 보정을 명하고 그래도 보정하지 않으면 소장을 각하한다.

⑤ 변론기일의 지정

소장이 제대로 되어 있으면 법원은 이를 피고에게 송달하고, 변론기일을 지정하여 양 당사자를 소환한다. 그 때 피고에게 답변서를 제출하라고 요구하는 것이 보통이다.

⑥ 소제기의 효과

원고가 법원에 소장을 제출하면, 소장을 제출받은 수소법원은 원고에 의해서 특정된 청구에 관하여 심리 및 판결을 할 수 있게 되는데, 이를 소송계속이라고 한다.

소송계속이 발생하면 소송법상으로는 당사자가 동일한 사건에 대하여 다시 소를 제기하지 못하는 종복제소 금지의 효과가 발생한다. 또 실체법상으로는 원고가 소로써 주장한 권리에 대한 소멸시효가 중단되고, 청구의 대상이 된 권리를 청구하기 위한 제소기간이나 제척기간을 준수한 것이 된다.

(2) 소송의 심리

① 소송요건 조사

소송요건은 소를 적법하게 하는 요건이다. 소송요건이 불비되면 소는 부적법하다. 부적법한 소에 대하여 법원이 실체법에 따른 재판을 할 수는 없으므로 결국 소송요건은 법원이 본안, 즉 실체법상의 법률관계에 관하여 재판할 요건이다.

소송요건에는 관할권, 당사자능력, 당사자적격, 소송능력, 권리보호의 자격·이익 등이 존재해야 한다는 것 등이 있다. 그 중 법원이 가장 먼저 조사하여야 할 것이 관할권이다. 본래 소송요건의 조사도 관할법원에서 해야 하기 때문이다.

원고의 제소가 관할위반임이 확정되면 소를 제기 받은 법원(수소법원)은 관할권 있는 법원으로 사건을 이송한다. 그 밖의 소송요건이 불비된 경우에는 법원이 당사자에게 보정을 명하고, 보정에 불응할 경우에는 소송요건 불비가 확정되어 법원은 더 이상 심리할 필요 없이 그 소는 부적법하다 하여 소각하판결을 한다. 소송요건이 구비되면 법원은 본안심리를 계속한다.

② 변론

소송주체들의 행위에 의해서 심리가 이루어지는 방식을 변론이라 한다. 변론은 법원이 변론기일을 정하여 양 당사자를 소환하여 양 당사자의 참여하에 이루어진다. 민사소송에 있어서 중심부분을 이루는 것이 변론이다. 변론기일에 변론의 집중과 소송촉진을 도모하기 위해 변론의 준비를 위한 제도가 있다. 이에는 준비서면제도와 준비절차제도가 있다.

변론에 있어서는 원고는 그의 청구를 이유 있게 할 소송자료를 공격방법으로 제출하고, 피고는 이에 대하여 그 청구를 배척할 수 있는 방어방법을 제출한다. 한편 법원은 절차를 직권으로 진행시키면서 변론을 청취하고, 경우에 따라서 당사자의 신청에 의하여 또는 직권으로 증거를 조사한다. 그 과정에서 법원은 당사자들의 진술에 불명료한 점이나 모순이 있을 경우에는 이를 밝히기 위하여 석명을 할 수 있고, 또 해야 한다(석명권, 석명의무). 결국 법원은 증거조사의 결과와 변론의 전취지를 바탕으로 자유심증주의에 의하여 사실관계를 확정한다.

③ 소송 심리의 제원칙

소송요건이 존재하는지 여부 및 소송물 즉 원고의 청구가 정당한지 여부에 관한 심리를 함에 있어서 법원과 당사자들은 서로 역할을 분담하게 되는데, 당사자가 주도권을 갖는 것을 당사자주의라 하고, 법원이 주도권을 갖는 것을 직권주의라고 한다. 민사소송에서의 심리절차는 당사자주의와 직권주의가 혼합되어 있고, 다음과 같은 원칙에 의해 심리가 이루어진다.

당사자처분권주의: 원고는 소를 제기할 것인지 여부, 즉 소송절차의 개시 여부와 심판의 대상이 되는 소송물을 특정하는데, 이를 당사자처분권주의라 한다. 따라서 법원은 당사자가 신청하지 아니한 사항에 대하여 판결할 수 없고, 원고가 청구한 범위를 초과하여 승소판결을 할 수도 없다.

한편 소송절차는 원칙적으로 판결의 선고에 의하여 종료되지만 당사자들은 그들의 의사에 의해서 절차를 종결시킬 수 있다.

직권진행주의: 법원은 직권으로 변론기일을 지정하여 당사자를 소환하고, 변론기일에서의 절차를 진행하며 심리의 종결 즉 변론종결여부를 결정하는 등 주도적으로 소송을 진행하게 되는데 이를 직권진행주의라고 하고, 법원이 이와 같이 절차의 진행을 주도하는 권한을 소송지휘권이라 한다.

변론주의: 소송자료, 즉 사실과 증거의 수집 · 제출의 책임을 당사자에게 일임하고, 그 소송자료만을 재판의 기초로 삼는 원칙을 말한다.

기타: 이 외에도, 심리를 하는 과정에서 심리와 재판은 공개되어야 하고(공개주의), 변론은 구술로 해야 하며(구술주의), 법원은 원고 . 피고 쌍방의 주장을 공평하게 심리해야 한다(쌍방심리주의). 그리고 심리에 관여하지 않은 법관은 재판에 참여하지 못하고(직접주의), 심리는 산만하게 분산되지 않고 집중되어야 하며(집중심리주의), 소송에 필요한 자료는 소송 개시시에 한꺼번에 낼 필요 없이 필요한 때마다 수시로 제출할 수 있다 (수시제출주의).

(3) 판결의 선고

① 판결의 선고

수소법원은 원고의 청구에 대한 판단을 하기에 충분할 정도로 심리가 이루어지면 심리를 종결(변론의 종결)한 후, 제출된 재판자료 및 심리과정에서 얻은 심증을 기초로 원고의 청구에 대한 판단을 하고 판결문을 작성하여, 법정에서 판결을 선고한다. 판결은 선고에 의하여 비로소 대외적으로 성립한다.

② 판결의 종류

판결은 여러 기준으로 나눌 수 있다. 일반적으로 판결이라 하면, 소송사건의 심리가 다 끝난 뒤에 선고하여 그 심급을 종결시키는 종국판결을 가리킨다. 그러나 법원은 심리 중이라도 중간적 쟁의나 선결문제에 관하여 미리 판단해 둘 필요가 있을 때에는 중간판결을 할 수 있다.

원고의 청구를 이유 있다고 받아들이는 판결, 즉 원고를 승소시키는 판결을 인용판결이라 하고, 반대로 원고의 청구를 이유 없다고 배척하는 판결, 즉 원고를 패소시키는 판결을 기각판결이라고 한다.

이행판결은 원고의 청구권을 인정하고 피고에게 의무이행을 명하는 것을 내용으로 하는 판결이고, 형성판결은 원고의 형성권이 존재한다거나 법률관계를 변동시킬 요건(형성요건)이 구비되었음을 확정하고 그에 따라 법률관계를 변동시키는 것을 내용으로 하는 판결이며, 확인판결은 권리·법률관계의 존재나 부존재를 확정하는 것을 내용으로 하는 판결이다.

③ 판결의 효력

종국판결이 선고되면 그 선고 자체로 당해 심급의 소송절차가 종료되고, 판결법원이 판결을 변경하거나 취소할 수 없게 되는 기속력이라는 절차적 효력이 발생한다.

그러나 종국판결이 선고되더라도 그 판결이 확정되기 전에는 기판력, 형성력, 집행력 등 판결의 내용에 따라 발생하는 본래적인 효력은 발생하지 않는다.

기판력이란 확정된 판결의 내용이 동일한 소송물에 관하여 다시 소가 제기된 경우 소에 대하여 법원은 전의 판결과 다른 내용의 판단을 할 수 없다는 효력이다.

형성력이란 형성의 소에서 원고의 청구를 인용한 형성판결에 발생하는 것으로 판결 내용대로 법률관계가 발생, 변경 또는 소멸된다.

집행력이란 이행의 소에서 원고의 청구를 인용한 이행판결에서 발생하는데, 이행판결이 선고되었음에도 피고가 판결내용대로 이행을 하지 않는 경우 원고는 판결을 기초로 하여 강제집행신청을 할 수 있게 된다.

④ 판결에 대한 불복

법원이 종국판결을 선고하면 그 심급은 종결된다. 법원은 판결을 선고한 후에 당사자에게 판결정본을 송달한다. 그 때부터 상소제기기간이 진행되고, 불복이 있는 당사자는 그 기간 안에 상소하여야 한다. 제1심 판결에 대한 상소를 항소라 하고, 항소심 판결에 대한 상소를 상고라고 한다. 그리고 결정과 명령에 대하여는 독립한 불복방법이 인정되면 제1심에서 제2심으로 항고를, 제2심에서 제3심으로는 재항고를 한다.

당사자가 상소를 하면 그 재판은 확정되지 않고 상소심으로 이심된다. 상소심에서는 상소인이 불복한 범위 내에서 재판한다. 그러므로 한 당사자만이 상소하였으면 그 당사자에게 하급법원의 재판보다 더 불리한 재판을 하여서는 안되고(불이익변경금지), 상소인이 불복한 범위를 넘어서 그보다 더 유리한 재판을 하여서도 안된다. 이것은 상소심에서의 처분권주의 때문이다.

항소심은 제1심의 심리를 계속 진행한다는 성격을 가진다(속심제). 따라서 당사자들은 절차를 현저히 지연시키지 않는 한 새로운 공격방어방법을 제출할 수 있다. 상고심은 법률심으로 항소심 재판에 대하여 법률적인 잘못이 있는지 여부만 심리한다. 그러므로 상고는 항소심 재판에 법률상의 잘못이 있다고 주장할 때에만 제기할 수 있다. 그리하여 제1심과 항소심을 사실심, 상고심을 법률심이라고 한다.

(4) 소송의 종료

소송은 종국판결이 확정되면 종료하고, 그 밖에 당사자의 행위에 의해서도 종료할 수 있다.

① 확정판결에 의한 종료

종국판결은 그에 대하여 더 이상 다툴 방법이 남아 있지 않은 상태가 되면 확정되고 소송은 종료된다. 즉 하급심 판결에 대하여 상소기간이 지나도록 아무도 상소하지 않았다든가, 상고심판결이 선고되었다든가 하면 더 이상 불복방법이 없어 그 판결은 확정되고 소송계속이 소멸한다.

② 당사자에 의한 종료

소송종료 단계에도 처분권주의가 적용되어, 당사자가 더 이상 소송하기를 원치 않으면 소송은 종료된다.

소의 취하 : 원고가 소송물에 대하여 심판하여 달라는 신청을 철회하는 것을 말한다. 소송절차는 처음부터 존재하지 않았던 것과 마찬가지가 된다.

청구의 포기·인락 : 청구의 포기는 원고가 스스로 자신의 소송상 청구가 이유 없다고 인정하는 것이고, 청구의 인락은 피고가 원고의 청구가 이유 있다고 인정하는 것이며, 이로써 소송절차는 종료한다.

재판상 화해 : 양 당사자가 일부씩 양보하여 합의에 도달한 내용

을 법원에 진술하여 소송을 종료시키는 것을 말한다. 여기에는 소송중에 하는 소송상화해와 제소 전에 하는 제소전화해가 있다. 화해조서도 확정판결과 같은 효력이 있다.

3) 강제집행절차

확정판결이나 인락·화해조서 등에서 확정된 원고의 권리가 실현되도록 확보하기 위한 것이 강제집행제도이다. 예컨대 "피고는 원고에게 금 5천만원을 지급하라"는 판결이 있었음에도 피고가 임의로 지급하지 않은 경우에 승소판결을 얻은 원고가 피고에 대한 강제집행을 신청하여 이를 받아내게 된다.

강제집행을 실시하는 기관에는 집행관, 집행법원(집행이 실시되는 지역을 관할하는 지방법원 또는 그 지원의 단독판사), 수소법원의 세 가지가 있다. 집행은 원칙적으로 집행관이 실시한다.

강제집행을 하기 위해서는 그 전제가 되는 권리가 현존한다는 것을 확정해주는 채무명의와, 채무명의의 존재 및 그것이 강제집행에 적당하다는 것을 공증하는 집행문이 있어야 한다.

강제집행은 집행하는 채권의 종류(가령 금전채권)와 집행대상재산에 따라 각기 그 방법을 달리하고 있으며, 잘못된 집행에 대한 구제로는 집행에 관한 이의, 청구에 관한 이의의 소, 제3자 이의의 소 등이 있다.

2. 형사소송

1) 형사소송의 이념 - 실체적 진실발견과 적정절차

형사소송이란 범죄가 발생한 경우 범인을 수사, 기소하고 재판에 회부하여 심리와 판결을 거쳐 유무죄와 형을 확정하고 선고된 형을 집행하는 일련의 과정을 말한다. 즉 형사소송은 형법에서 정하고 있는 국가의 형벌권을 구체적으로 실현하기 위한 절차인 것이며, 이러한 형사절차를 규정한 법률이 형사소송법이다.

형사소송법을 생각할 때 먼저 떠오르는 것은 사건의 진상파악과 범인에 대한 처벌이다. 민사소송과는 달리 형사소송에서는 당사자의 주장이나 제출된 증거에 구애되지 않고 국가는 진실발견을 추구하여 범인에게 죄 값을 치르게끔 한다. 이러한 형사소송의 이념은 통상 '실체적 진실주의'라고 부른다. 그런데 실체적 진실발견만을 추구한다면 피의자·피고인의 인권이 침해되기 쉽다. 따라서 국가형벌권은 반드시 인간의 존엄과 가치를 존중하고 피의자·피고인의 인권을 보장하면서 실현될 것이 요구된다. 이러한 형사소송의 이념을 '적정절차'의 원리라고 부른다. 권위주의 체제하의 형사사법체제 운영에 대한 반성에 기초하여 현행 헌법 제12조 1항은 '적정절차'의 이념을 헌법에 명시적으로 규정하고 있다.

2) 형사소송의 주체

(1) 법원

법원은 사법권을 행사하는 국가기관이며, 소송법상으로는 재판기관을 말한다. 소송법상의 법원에는 단독판사와 합의부가 있다.

제1심 법원에는 단독제와 합의제를 병용하고 있는데, 단독제가 원칙이며 단기 1년 이상의 징역이나 금고에 해당하는 사건은 합의부의 관할이다. 단독판사가 한 재판에 대하여는 지방법원의 항소부, 합의부에서 한 재판에 대하여는 고등법원에 각 항소를 할 수 있고 이에 대하여는 다시 대법원에 각 상고할 수 있다. 상소법원은 합의제로 구성되어 있다. 즉 고등법원은 항상 판사 3인으로 구성된 합의부에서 심판하며, 대법원은 원칙적으로 대법관 전원의 3분의 2 이상의 합의체에서 행하며 대법원장이 재판장이 된다.

(2) 검사

검사는 범죄의 수사와 공소의 제기·유지 및 재판의 집행을 내용으로 하는 검찰권을 행사하는 국가기관이다.

검사는 검찰총장이나 검사장의 보조기관이 아니라 독자적 권한을 갖는 단독제의 관청이며, 법무부에 소속된 행정기관이면서도 사법권과 긴밀한 관계를 맺고 있는 준사법기관으로 의제된다. 모든 검사는 검찰총장을 정점으로 하여 전국적으로 통일적인 계층적 조직체이며 상명하복의 관계에 있다 (검사동일체의 원칙). 검사동일체의 원칙에 의하여 단독관청인 검사는 전체의 하나로서 그리고 전국적으로 균형을 이루며 검찰권을 행사한다. 한편 검사는 피고인에 대립되는 당사자이지만 단순한 당사자는 아니며, 공익의 대표자로서 피고인의 정당한 이익도 옹호해야 할 의무를 가진다. 이를 객관의무라 한다.

(3) 피고인

검사에 의하여 형사책임을 져야 할 자로 공소가 제기된 사람을 피고인이라고 부른다. 이러한 점에서 공소제기 전에 수사기관에 의하여 수사의 대상이 된 피의자와 구별되며, 징역 등이 확정된 수형자와도 구별된다.

피고인은 검사의 공격에 자기를 방어하는 수동적 당사자이다. 피고인에게는 진술거부권이 보장되며, 유죄판결이 확정될 때까지는 무죄로 추정된다. 무죄추정의 원칙은 인신구속에 대한 제한원리로 작용하며, 또한 증명의 단계에서는 "의심스러울 때는 피고인의 이익으로" (in dubio pro reo)라는 원칙으로 작용한다.

(4) 변호인

피고인 또는 피의자의 방어력을 보충함을 임무로 하는 보조자를 말한다. 피고인에게 수동적 당사자 지위가 인정되더라도 검사와 피고인 사이에 무기평등의 원칙이 보장되지 않는다면 공정한 재판은 실현될 수 없다. 따라서 검사와 대등한 법률지식을 가진 법률전문가로 하여금 피고인을 보조하게 하는 것이다. 헌법은 구속된 피고인 또는 피의자의 변호인의 도움을 받을 권리를 국민의 기본권으로 보장하고 있다.

변호인에는 피고인 등이 자기의 비용으로 선임하는 사선변호인과 국비로 재판부가 선임하는 국선변호인이 있다. 변호인에게는 피고인 또는 피의자의 소송행위를 대리하는 권한(대리권), 감시받지 않으며 피고인 또는 피의자와 자유롭게 접견하고 교통할 수 있는 권리(접견교통권), 소송계속의 관계서류 또는 증거물을 열람 또는 등사할 수 있는 권리가 있다.

3) 수사

(1) 의의

수사란 범죄의 혐의 유무를 명백히 하여 공소의 제기와 유지 여부를 결정하기 위하여 범죄사실을 조사하고 범인을 발견 · 확보하고 증거를 수집 · 보전하는 수사기관의 활동을 말한다.

(2) 수사기관

수사기관이란 법률상 수사의 권한이 인정되어 있는 국가기관을 말한다. 수사기관에는 검사와 사법경찰관리가 있다. 사법경찰관리에는 일반형사사건을 취급하는 일반사법경찰관리와 삼림, 해사, 전매, 세무, 군수사기관 등 특별한 사항만 수사할 수 있는 특별사법경찰관리가 있다.

종전에는 모든 수사의 책임자는 검사이며, 사법경찰관리는 검사의 지휘를 받아 수사를 행하는 것이 원칙이었으나, 2020년의 형사소송법 개정을 통해 검사와 사법경찰관은 지휘 관계가 아닌 수사, 공소제기 및 공소유지에 관하여 서로 협력해야 하는 관계가 되었다.

(3) 수사개시

수사기관이 수사를 개시하는 단서에는 제한이 없다. 고소, 고발처럼 범죄 신고를 받거나 신문 · 방송기사를 보고 시작하거나 현행범 목격, 불심검문 등을 계기로 시작할 수도 있다.

고소란 범죄의 피해자 등 일정한 고소권자가 수사기관에게 범죄사실을 신고하여 범인에 대한 소추를 요구하는 의사표시이며, 고발은 고소권자 이외의 제3자가 수사기관에 범죄사실을 신고하여 범인에 대한 소추를 요구하는 의사표시를 말한다. 그리고 범죄 중 피해자의 입장을 고려하여 고소가 없으면 처벌할 수 없는 범죄가 있는데 이를 '친고죄'라고 부른다. 예를 들면, 모욕죄, 사자의 명예훼손죄, 업무상비밀누설죄 등이 있다.

수사기관이 수사를 개시하여 형사사건으로 되는 것을 입건한다고 하며, 이와 같이 입건이 되어 수사대상이 되면 형사소송법상 피의자가 된다. 입건 전의 절차로 내사가 있는데, 이는 범죄의 혐의가 뚜렷하지 않아 정식으로 입건하기에는 부족하지만 진정이나 투서가 있다든지 또는 진정 등이 없더라도 조사를 해 볼 필요가 있는 경우에는 정식입건을 하지 않고 내부적으로 조사하는 것을 말한다.

(4) 체포와 구속

수사의 방법에는 강제력을 행사하지 않고 상대방의 동의나 승낙을 받아서 행하는 임의수사와 강제처분에 의하는 강제수사가 있다. 수사는 원칙적으로 임의수사에 의하고, 강제수사는 법률에 특별한 규정이 있는 경우에 한하여 허용된다('강제처분법정주의'). 임의수사에는 사실조회, 피의자나 참고인의 출석요구, 경찰관직무집행법상의 불심검문 등이 있는데, 그 '임의성'의 한계와 관련하여 많은 문제가 제기되고 있다.

그리고 강제수사에는 체포, 긴급체포, 구속 등의 대인적강제수사와 압수, 수색, 검증 등의 대물적 강제수사가 있는데, 이하에서는 대인적 강제수사에 초점을 맞추어 살펴보기로 한다.

1995년 개정된 현행 형사소송법상 대인적 강제처분은 체포와 구속으로 이원화되어 있다. 체포는 죄를 범하였다고 의심할 만한 상당한 이유가 있는 피의자를 단시간 동안에 수사관서 등 일정 장소에 인치하는 제도이다. 형사소송법은 체포영장에 의한 체포, 즉 통상체포를 원칙으로 하고 있으나, 현행범인 체포, 사형 · 무기 또는 장기 3년 이상의 징역이나 금고에 해당하는 죄를 범하였다고 의심할 만한 상당한 이유가 있는 경우의 긴급체포의 경우 영장없는 체포를 허용한다.

구속은 피의자 또는 피고인의 신체의 자유를 체포에 비하여 장기간에 걸쳐 제한하는 강제처분으로, 반드시 판사가 사전에 발부한 구속영장에 의해 이루어져야 한다. 구속의 요건은 피의자 또는 피고인이 죄를 범하였다고 의심할 만한 상당한 이유가 있고, ① 일정한 주거가 없을 때, ② 증거를 인멸할 염려가 있을 때, ③ 도망하거나 또는 도망할 염려가 있을 때 중 하나에 해당할 경우이다. 형사소송법상 피의자의 구속 전에 반드시 체포가 행해질 것을 요하지 않으므로, 체포되지 않은 피의자를 바로 구속할 수도 있다.

1995년 개정된 형사소송법은 구속전 피의자심문제도를 도입하였다. 즉 구속영장의 청구를 받은 판사가 피의자를 직접 심문하여 구속사유를 판단하는 것이다. 이 제도의 도입 이후, 수사기관의 강력한 반발에 부딪혀 1997년 형사소송법 개정을 통해 그 적용범위가 위축된 적도 있었다('임의적 피의자심문제도'). 그러나 2007년 개정을 통하여 현재에는 체포된 피의자에 대하여 구속영장을 청구받은 판사는 지체 없이 피의자를 심문하여야 하고, 체포되지 않은 피의자에 대하여 구속영장을 청구받은 판사는 피의자가 죄를 범하였다고 의심할 만한 이유가 있는 경우에는 심문하도록 하고 있다.

(5) 체포·구속적부심사제도

피의자가 체포영장 또는 구속영장에 의해 체포 또는 구속되었다

하더라도 피의자는 구속적부심사제도에 따라 다시 법원으로부터 구속의 적법여부와 그 필요성을 심사받을 수 있다. 체포 또는 구속된 피의자 등의 청구권자가 체포. 구속적부를 청구하여 법원이 체포 또는 구속이 부적법·부당하다고 판단하면 조건 없이 석방을 명하거나, 또는 보증금 납입을 조건으로 하여 기소전 보석을 명할 수 있다. 보증금납입조건부 피의자석방제도는 보석제도를 피의자에게까지 확대한 것인데, 구속된 피고인의 석방을 법원이 결정하는 보석과 구별된다. 체포·구속적부심사에 관한 법원의 결정에 대하여 검사의 항고는 허용되지 않는다.

체포·구속적부심사제도는 원래 영미법상의 인신보호영장(writ of habeas corpus)에서 유래하는 제도로서, 형사절차에서 인권을 보장하기 위한 핵심적 장치이다. 과거 권위주의 정권 하에서 이 제도는 폐지되거나 유명무실한 상태로 방치되었으나 민주화 이후 국민의 헌법상의 권리로 규정되기에 이르렀다. 그런데 현행 제도는 피의자에게만 인정되며 피고인에게는 인정되지 않는다는 점, 보증금납입조건부 피의자석방도 체포·구속적부심사를 청구한 경우에 한하여만 허용된다는 점에 문제가 있다. 그리고 현행 제도상 체포·구속적부심사가 청구된 경우 법원이 수사관계서류와 증거물을 접수한 때로부터 결정 후 검찰청에 반환될 때까지의 기간을 체포 또는 구속기간에 산입하지 않고 있는데, 이는 체포·구속적부심사청구를 사실상 위축시키는 것으로 비판을 받고 있다.

(6) 수사의 종결

종전에는 모든 형사사건에 대한 수사종결권은 검사만이 가지고 있었으나, 2020년의 형사소송법 개정을 통해 사법경찰관도 사건을 송치하기 이전까지는 해당 사건에 대한 1차적인 수사권과 수사종결권을 가지게 되었다. 따라서 사법경찰관이 범죄를 수사한 결과, 범죄의 혐의가 있다고 인정되는 경우에는 관계 서류와 증거물을 검사에게 보내게 되는데, 이를 송치라고 부른다.

한편, 검사가 수사를 종결하는 방법에는 공소제기, 불기소, 타관송치의 세 가지가 있다. 이하에서는 공소제기와 불기소처분에 초점을 맞추기로 한다.[1)]

4) 기소와 불기소

(1) 공소의 제기

검사는 수사결과 범죄의 객관적 혐의가 인정되고 유죄의 판결을 받을 수 있다고 판단할 때에 법원에 대하여 심판을 요구하게 된다. 이를 공소제기 또는 기소라고 한다.

우리 형사사법체제 하에서 공소제기의 주체는 국가기관인 검사이며, 사인의 공소제기는 인정하지 않는다. 이를 '국가소추주의'라고 부른다. 그리고 국가기관 중 검사만이 공소를 제기하고 수행할 권한을 갖는 것을 '기소독점주의'라고 한다.

공소를 제기함에 있어 검사는 공소장을 관할법원에 제출해야 한다. 공소의 제기에 의하여 검사의 지배 하에 있던 사건은 법원의 지배로 이전하고 법원은 사건에 관한 심리와 재판을 할 권리와 의무를 가지게 된다. 이러한 상태를 소송계속이라고 부른다.

한편 검사는 피의자에 대하여 징역형이나 금고형에 처하는 것보

---

1) 타관송치는 사건을 다른 검찰청이나 지청 또는 군수사기관, 법원 소년부로 송치하는 처분을 말한다.

다 벌금형에 처함이 상당하다고 생각되는 경우에는 기소와 동시에 법원에 대하여 벌금형에 처해 달라는 뜻의 약식명령을 청구할 수 있는데 이를 약식기소라고 한다. 따라서 구속된 사람에 대하여 검사가 약식기소를 하는 경우에는 석방을 하여야 한다. 이 경우 판사는 공판절차를 거치지 않고 수사기록만으로 재판을 하게 된다. 그러나 판사는 약식 절차에 의하는 것이 불가능 또는 부적당하다고 생각하는 경우에는 정식재판에 회부하여 공판을 열어 재판을 할 수도 있다. 피고인이나 검사는 판사의 약식명령에 대하여 불복이 있으며 7일 내에 정식 재판을 청구할 수 있다.

(2) 불기소처분

검사가 사건을 수사한 결과 재판에 회부하지 않는 것이 상당하다고 판단되는 경우에는 기소를 하지 않고 사건을 종결하는데 이를 불기소처분이라고 한다. 불기소처분에는 협의의 불기소처분, 기소유예 및 기소중지가 있다.

협의의 불기소처분에는 세 가지가 있는데, 그 중 '혐의없음'은 공소제기를 위한 충분한 객관적 혐의가 없는 경우 내리게 되며, '죄가 안됨'은 피의사실이 범죄구성요건에 해당하나 위법성조각사유, 책임조각사유 등 법률상 범죄성립을 조각하는 사유가 있어 범죄를 구성하지 않는 경우에 내리는 처분이며, '공소권없음'은 피의사건과 관련하여 친고죄에서의 고소와 같은 소송조건이 결여되었거나 형이 면제된 경우를 말한다.

기소유예는 피의사건과 관하여 범죄의 혐의가 인정되고 소송조건을 구비하였으나 피의자의 연령, 성행, 지능과 환경, 피의자에 대한 관계, 범행의 동기 수단, 범행 후의 정황들을 참작하여 공소를 제기하지 아니하는 경우를 말한다. 이 점에서 우리 형사사법체제는 혐의가 인정되고 소송조건을 갖춘 때에는 반드시 공소를 제기해야 하는 '기소법정주의'가 아니라 재량에 따른 기소유예를 인정하는 '기소편의주의'를 채택하고 있다. 검찰실무에서는 소년범에 대하여 '선도조건부 기소유예제도'를 실시하고 있는데, 이는 민간선도위원이 피의자를 선도하여 앞으로 재범하지 않는다는 조건으로 검사가 기소를 유예하는 것으로, 소년의 사회복귀와 재범방지를 도모하는데 그 목적을 두고 있다.

그런데 유의할 점은 한번 기소유예를 하면 특별한 사정이 없으면 다시 같은 죄로 기소를 하지 않지만 만약 기소유예 후에 또 죄를 저질렀다고 하는 경우 등의 사정이 있으면 검사는 기소유예 처분한 범죄에 대하여 새로 기소를 할 수 있다는 점이다. 그리고 이는 무혐의에 대하여도 마찬가지로 만약 새로운 증거가 발견된다면 검사는 기소를 할 수 있다.

검사의 불기소처분에 대해 고소인 또는 고발인은 불복할 수 있다. 검사의 불기소처분에 불복이 있는 고소인 또는 고발인은 고등검찰청에 항고할 수 있고, 항고를 거친 이후에도 고소인(공무원의 직권남용죄 등에 대한 고발인 포함)은 고등법원에 재정신청을 할 수 있다. 한편, 고발인은 항고를 거친 이후에 대검찰청에 재항고할 수 있다.

5) 보석

보석이란 일정한 보증금의 납부를 조건으로 하여 구속의 집행을 정지함으로써 구속된 피의자를 석방하는 제도이다. 보석은 보증금을 조건으로 피고인을 석방하면서도 피고인의 출석을 확보하여 구속의 효과를 달성하는 한편, 피고인에게 자유를 부여하여 방어의 기회를 충분히 보장하는 중요한 제도이다. 보석은 피고인은 물론 피고인의 변호인과 법정대리인, 배우자, 직계친족, 형제자매, 가족, 동거인 또는 고용주도 청구할 수 있다.

형사소송법은 보석의 청구가 있는 때에는 제외사유가 없는 한 보석으로 허가하여야 한다고 함으로써 '필요적 보석'을 원칙으로 하고 있다. 그러나 현행법은 필요적 보석에 대하여 광범한 제외사유를 인정함으로써 원칙을 예외로 만들고 있다.2) 한편 필요적 보석의 제외사유에 해당하는 때에도 법원은 상당한 이유가 있는 때는 직권 또는 보석의 청구권자에 의한 청구에 의하여 보석을 결정할 수 있다.

보석보증금은 현금으로 납부하지 않고 보석보증보험증권을 첨부한 보증서로써 갈음할 수 있다.

6) 공판절차

(1) 기본원칙

검사의 기소에 의하여 사건이 법원에 계속되면 법원은 해당 피

2) 형소법 제95조에 따른 제외사유는 다음과 같다. ① 피고인이 사형 · 무기 또는 장기 10년 이상이 넘는 징역이나 금고에 해당하는 죄를 범한 때, ② 피고인이 누범에 해당하거나 상습범인 죄를 범한 때, ③ 피고인이 죄증을 인멸하거나 인멸할 염려가 있다고 믿을 만한 충분한 이유가 있는 때, ④ 피고인이 도망하거나 도망할 염려가 있다고 믿을 만한 충분한 이유가 있는 때, ⑤ 피고인의 주거가 분명하지 아니한 때, ⑥ 피고인이 피해자, 당해 사건의 재판에 필요한 사실을 알고 있다고 인정되는 자 또는 그 친족의 생명 · 신체나 재산에 해를 가하거나 가할 염려가 있다고 믿을 만한 충분한 이유가 있는 때.

고사건에 대하여 심리·재판하고 당사자는 변론을 하는 절차가 진행되는데, 이를 공판절차라고 한다. 공판절차는 공판기일에 양 당사자의 공격과 방어를 중심으로 전개되는데 공판절차에서의 법률관계의 공정을 유지하기 위하여 몇 가지 기본원칙이 필요하다.

먼저 일반 국민에게 심리의 방청을 허용하는 '공개주의'가 있는데 이는 헌법상의 기본권으로 보장되어 있다. 둘째 재판은 당사자의 구두에 의한 공격과 방어에 의해 진행되어야 한다는 '구두변론주의'가 있으며, 셋째 공판정에서 직접 조사한 증거만을 재판의 기초로 삼아야 한다는 '직접주의', 넷째 심리에 2일 이상을 요하는 사건은 연일 계속하여 심리함으로써 국민의 신속한 재판을 받을 권리를 존중하여야 한다는 '집중심리주의' 등이 있다.

(2) 공판준비절차

공판기일에서의 절차를 신속·원활하게 진행시키기 위하여 수소법원에서 행하는 절차를 공판준비절차라고 한다. 예를 들어 공판기일 전의 공소장 부본의 송달, 공판기일의 지정·변경, 그리고 공판기일 전의 증거조사 등이 있다.

(3) 공판정의 심리

공판기일의 절차, 즉 제1심의 공판절차는 진술거부권의 고지, 인정신문, 검사 및 피고인의 모두진술, 증거조사, 피고인신문, 변론, 판결선고의 순서로 진행된다.

상술하면, 제1심의 공판절차는 재판장에 의한 진술거부권의 고지에서 시작한다. 다음으로 재판장은 피고인의 성명·연령·등록기준지·주거와 직업을 물어 피고인임을 확인한다(인정신문). 이어

검사는 공소장에 의하여 기소의 요지를 진술한다(검사의 모두진술). 피고인은 검사의 모두진술이 끝난 뒤에 공소사실의 인정 여부를 진술한다.

이상의 모두절차가 끝나면 증거조사절차가 시작되는데, 검사·피고인 또는 변호인은 서류나 물건을 증거로 제출할 수 있다. 거증책임은 검사에게 있으므로, 증거신청은 검사가 먼저 한 후에 피고인 또는 변호인이 한다. 법원도 직권으로 증거조사를 할 수 있다. 증거조사 종료 후, 피고인신문 시에는 검사와 변호인은 순차로 피고인에 대하여 공소사실에 관한 필요사항을 직접 신문할 수 있으며, 재판장은 검사와 변호인의 신문이 끝난 후에 신문할 수 있다. 마지막으로 검사는 사실과 법률적용에 관하여 의견을 진술하는데, 이를 논고라고 하며, 특히 검사의 양형에 대한 의견을 구형이라고 한다. 재판장은 검사의 의견을 들은 후 피고인과 변호인에게 최종의 의견을 진술할 기회를 주어야 한다.

(4) 증거법

실체진실발견을 이념으로 하는 형사소송에서는 법관의 자의에 따른 사실인정은 허용될 수 없고 반드시 증거에 의하여야 하는데, 이를 '증거재판주의'라고 한다. 형사재판에서의 증거와 관련하여 몇 가지 중요한 원칙이 있다.

먼저 우리 형사소송법은 '자유심증주의'를 채택하고 있다. 이는 근대 이전의 법정증거주의 하에서는 일정한 증거가 있으면 반드시 유죄, 일정한 증거가 없으면 무죄식으로 획일적인 판단이 이루어졌고, 또한 자백의 증명력이 가장 높은 것으로 규정됨에 따라 고문이 성행하였던 점에 대한 반성에서 나온 근대 형사소송법의 원리이다. 자유심증주의 하에서 법관은 법률적 제한을 받지 않고 증거의 증명력을 자유롭게 판단할 수 있다. 물론 자유심증주의에서의 자유는 자의는 아니며 논리와 경험법칙에 부합하는 것이어야 한다('합리적 · 과학적 심증주의').

그리고 우리 헌법과 형사소송법은 고문 · 폭행 · 협박 · 구속의 부당한 장기화 또는 기망 기타의 방법으로 자의로 진술된 것이 아니라고 인정되는 자백은 유죄의 증거로 하지 못한다고 규정하고 있다('자백배제법칙'). 이 법칙의 근거로 임의성 없는 자백에는 허위가 숨어들 위험이 많기 때문 증거능력을 배제해야 한다는 설, 묵비권을 중심으로 한 피고인의 인권보장을 위해 자백이 배제된다는 설, 또는 자백취득과정에서 적정절차의 보장을 확보하기 위하여 위법하게 취득한 자백을 배제하는 것이라는 설 등이 있다.

한편 위법수집증거배제법칙이 있는데, 이는 위법한 절차에 의하여 수집된 증거의 증거능력을 부정하는 법칙이다. 이 법칙은 지난 2007년 형사소송법 개정을 통해 명문화된 것으로, 형사절차에서 적정절차를 보장하고 위법한 수사를 억지하는 것을 존재근거로 삼는다. 예를 들어 영장주의에 위반하여 수집한 증거물, 야간압수 · 수색금지 규정에 위반한 압수 · 수색, 당사자의 참여권을 보장하지 않은 검증과 감정, 진술거부권의 불고지에 의한 자백, 변호인접견교통권의 침해에 의한 자백 등은 증거능력이 없다.

(5) 판결의 선고

공판절차의 최종단계는 판결의 선고이다. 판결의 선고에 의해 당해 심급의 공판절차는 종결되는데, 이러한 종국판결에는 유죄판결, 무죄판결의 실체재판과 관할위반의 판결, 공소기각의 판결과 결정, 면소의 판결 등의 형식재판이 있다.

유죄판결은 심리결과 피고인의 죄가 인정되는 경우 이루어지는데, 형의 선고, 형의 면제와 선고유예의 판결이 포함된다. 형의 선고와 동시에 형의 집행유예를 선고할 수도 있다. 집행유예는 형(예컨대 징역 1년)을 선고하면서 일정기간 그 형의 집행을 미루어 두었다가 그 기간동안 재범을 하지 않고 착실히 살면 형의 선고를 실효시켜 아예 집행을 하지 않는 것이라면, 선고유예는 형의 선고자체를 미루어 두었다가 일정기간 무사히 경과하면 면소된 것으로 간주하는 것이다.

무죄판결은 피고사건이 범죄로 되지 않거나 범죄사실의 증명이 없는 때에 행하는 판결이다. 구속되었다가 법원에서 무죄의 판결을 받은 사람 중 범인이 아닌 것이 명백한 사람 및 처음부터 잘못 구속된 사람은 형사보상법에 따라 구속에 대한 보상을 청구할 수 있다.

관할위반의 판결은 피고사건이 법원의 관할에 속하지 아니한 때 선고하는 판결이며, 공소기각의 재판은 관할권 이외의 형식적 소송조건이 결여된 경우 사건의 실체에 대한 심리를 하지 않고 소송을 종결시키는 판결 또는 결정이다.

면소판결은 확정판결이 있은 때, 사면이 있은 때, 공소시효가 완성되었을 때, 그리고 범죄 후의 법령개폐로 형이 폐지되었을 때 선고하는 판결이다.

7) 형의 집행

법원의 판결에 의하여 선고된 형은 검사의 지휘에 의하여 집행하는데 징역이나 금고형은 교도소에서 집행한다. 벌금은 판결 확정일부터 30일 이내에 납부하여야 하며 벌금을 납부하지 않는 경우에는 1일 이상 3년 이내의 범위에서 노역장에 유치하게 된다.

징역 또는 금고의 형의 집행중에 있는 자 가운데 복역성적이 양호하고 뉘우침이 있는 때에는 무기에 있어서는 20년, 유기에 있어서는 형기의 3분의 1을 경과한 후에 법무부 장관이 가석방을 할 수 있다. 그러나 가석방 중에 행실이 나쁘거나 다시 죄를 저지르면 가석방이 취소 또는 실효되어 남은 형기를 마저 복역하여야 한다. 그리고 형의 집행으로 생명을 보전할 수 없거나, 잉태 후 6개월 이상인 때, 연령이 70세 이상인 때, 기타 중대한 사유가 있는 때 등의 경우에 검사는 형집행을 정지시키고 석방할 수도 있다.

3. 공권력에 대한 불복 수단

1) 다소 복잡한 체계

오늘날 확립된 법치주의원리에 따라 공권력도 법의 지배를 받아야 한다는 것을 제10장에서 보았었지만, 이를 헌법에서 선언한다고 해서 곧 법치주의가 완성되는 것은 아니다. 실제로 공권력을 위법하게 행사(또는 불행사)하여 개인의 권리가 침해되었을 때 이를 바로잡을 절차적 장치가 마련되어야 한다. 전통적으로 공권력을 대표해왔고, 오늘날도 개인의 일상을 광범위하게 규제하는 것이 행정이므로, 그를 대상으로 하는 **행정소송**이 여기서 중심을 이룬다.

그런데 행정소송은 행정심판과 헌법소원으로 보완되고 있어, 앞서 본 민사소송 · 형사소송과 비교하면 다소 복잡한 체계로 되어 있다. 개인 간의 다툼이나 개인의 범죄행위를 대상으로 법원이 심판하는 민사소송 · 형사소송과 달리, 행정이라는 공권력을 대상으로 심판하는 것이 행정소송이다. 그런 점에서 행정소송의 초기에는 약한 형태로 출발하기 마련이다. 그만큼 개인의 권리구제 폭도 적을 수밖에 없다. 반면 행정소송을 강화하면 사법권이 행정권을 압도하는, 즉 권력분립원칙을 흔드는 문제가 발생한다. 그리하여 행정을 비롯한 공권력에 대한 심판 제도는 — 길지도 않은 역사 속에서 — 나라마다 제각기 다른 양상으로 전개되어 왔다.

우선 정해야 할 것은 **누가 심판하느냐**이다. 그거야 당연히 법원 아닌가 하고 생각할 사람이 아마 많을 것이다. 하지만 그것이 당연한 진리는 아니다. 법원이 행정재판까지 한다는 것은 어디까지나 영국의 역사와 전통 속에서 정착된 것이고, 이것이 바로 영미의 '법의 지배'이다. 즉 개인 간 분쟁이냐 개인과 국가 간 분쟁이냐를 가리지(차별하지) 않고 똑같이 법원이 재판한다는 것이 '법의 지배' 이념 속에 담긴 핵심적 내용인 것이다. 따라서 민사소송과 행정소송의 구별도 없다. 그와 다른 길을 간 나라가 프랑스다. 구체제(ancien régime) 시대 프랑스의 고등법원은 반개혁의 아이콘으로 지목되어 혁명 후 폐지되고, 나폴레옹은 행정의 최고정책기구로 설치한 국사원(Conseil d'ètat)에 행정재판 기능까지 부여하여 이 체제는 지금도 유지되고 있다. 나아가 영국과 달리 정치적 차원에서 법원의 권위가 자리 잡지 못한 유럽대륙 국가들에서도 법원 아닌 행정재판소 모델이 널리 채택되었다. 영국도 19세기말에는 노동 · 조세 등 일정 분야에 대해서 특화된 행정심판소(tribunal)을 일반 법원(court)의 전심 기구로 도입하기에 이른다. 그런가 하면 독일은 법관에 의한 행정소송을 운영하지만 일반 법원과 분리하고 있고

(최고법원도 일반 · 행정 · 재정 · 사회 · 노동의 5개 분야로 독립되어 있다), 전심절차로 행정심판을 거치도록 한다.

우리나라는 제헌 당시 여러 정파가 제출한 헌법안에서 행정재판소 모델과 일반법원 모델이 경쟁하였으나, 우여곡절 끝에 법원 세력의 승리로 끝나 우리 헌법은 행정재판을 비롯해 모든 재판의 관할을 법원으로 일원화시키는 영미식 모델을 채택하였고, 이 체제는 현재까지 이어져 오고 있다. 대신 행정소송(항고소송) 전에 행정심판을 반드시 거치도록 하고 행정소송을 2심제로 하여 법원의 개입 폭을 줄였으나, 민주화 이후 사법권의 확장 추세 속에서 1998년부터는 행정심판을 먼저 거치든지(아래 그림 ②) 또는 행정소송을 바로 제기하든지(아래 그림 ①) 당사자가 임의로 선택할 수 있게 하고, 어느 경우든 행정소송을 일반 소송과 같이 3심제로 하였다. 한편 현행 헌법에서 헌법소원을 도입하여 법원의 권리구제 기능을 보완하고 있다(아래 그림 ③).

〈공권력에 대한 불복수단의 체계〉

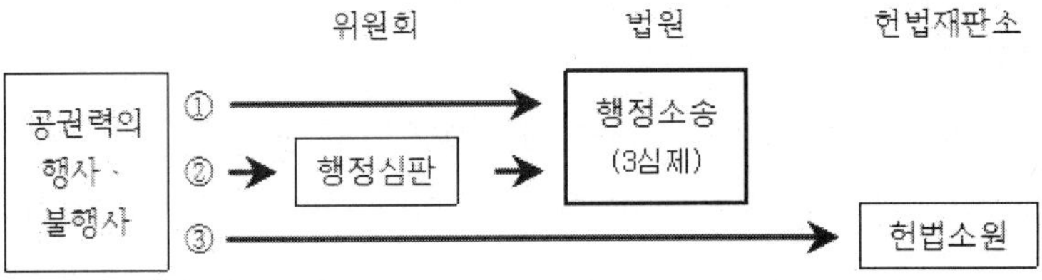

2) 행정소송(항고소송) 및 행정심판

행정소송에는 항고소송과 당사자소송이라는 두 이질적인 유형이 있다. **당사자소송**은 '공법상의 법률관계'에 관한 소송으로서 사법상의 법률관계에 관한 소송인 민사소송과 대비된다. 그러나 행정주체가 우월한 지위에 서 있지 않고 대등한 당사자로서의 지위에 선다는 점에서 민사소송과 구조적인 차이는 없다. 가령 공무원이 초과수당을 덜 받았다면서 소속 지방자치단체를 상대로 그 지급청구를 하는 것이 당사자소송이다. 이것은 사기업 직원이 회사를 상대로 수당 지급청구를 하는 민사소송과 크게 다를 바가 없을 것이다.

행정소송의 고유한 특성을 뚜렷이 담은 것이 **항고소송**이고, 우리가 보통 행정소송이라고 하면 이것을 말한다. '항고'란 **공권력**의 결정에 불복한다는 의미를 담은 표현이다. 가령 세금부과에 대해, 옥탑방 철거명령에 대해, 혹은 병역처분에 대해 다투고자 할 때 항고소송을 제기할 수 있다. 항고소송의 목적은 "행정청의 위법한 처분 그 밖에 공권력의 행사·불행사 등으로 인한 국민의 권리 또는 이익의 침해를 구제"하는 것이다(행정소송법 제1조). 여기서 구제의 방식에 따라 항고소송은 다시 취소소송, 무효확인소송 등으로 나누어지는데, 가장 많이 활용되는 것은 취소소송이다.

취소소송은 행정청의 위법한 처분을 취소하는 것으로 법원이 심리할 핵심 내용은 '처분의 위법성'이다. 그러나 비록 처분이 위법성이 뚜렷해 보임에도 여러 가지 **소송요건**의 관문을 넘지 못하고 각하되는 경우가 많은 것이 취소소송의 특징이다. 우선, 취소하려는 대상이 '**처분**'에 해당하여야 한다. '처분'이란 행정청의 공권력 행사로서 당사자의 구체적 권리의무관계에 직접 변동을 일으키는 행위를 말한다. 위의 예들은 각각 그로써 상대방에게 세금납부의무, 철거의무, 병역의무가 발생하므로 처분에 해당하고, 취소소송을 통해 처분이 취소되면 당사자는 그 의무로부터 벗어날 수 있게 된다. 반면 옥탑방 철거명령에 따르지 않아 구청에서 직접 철거대집행을 한 경우 그 철거행위는 '사실행위'에 불과하고 처분에 해당하지 않는다(본래 '사실'이란 게 '취소'한다고 해서 없어지는 것도 아니다). 행정기관 간의 지시 · 보고 · 협의 등 행정 내부의 행위들도 그로써 개인의 권리의무관계에 변동이 생기는 것이 아니므로 처분이 아니다. 한편 공권력 행사의 '거부'도 처분이 될 수 있다. 가령 공공기관에 정보공개청구를 하였으나 비공개결정을 받은 경우 취소소송을 제기할 수 있다.

자주 문제되는 소송요건으로 **원고적격**도 있다. 취소소송은 '처분의 취소를 구할 **법률상 이익**'이 있는 자가 제기할 수 있다. 행정처분은 직접 상대방이 아니면서도 이해관심을 가진 사람들이 다투려고 하는 경우가 종종 있기 마련인데(대규모 토목공사나 원자력발전소설치 허가를 생각해보라), 이런 경우 소송의 과다를 억제하는 기능을 하는 것이다. 실생활에서 접할 수 있는 사건을 하나 보자. 지방경찰청장의 횡단보도 설치에 대해 인근 지하상가 상인들이 취소소송을 제기한 적이 있는데, 대법원은 그들에게는 원고적격이 없다 하여 소를 각하하였다. '법률상 이익'이란 법률이 보호하는 이익을 말하는데, 횡단보도를 일정한 간격을 두고 설치하도록 한 법률 규정의 목적이 지하상가 상인들의 영업상 이익을 보호하기 위한 것으로 볼 수는 없으므로 그들은 해당 법률 규정의 위반을 들어 횡단보도 설치의 취소를 구할 자격이 없다는 논리다. 이처럼 소송요건의 관문이 법정의 입구를 지키고 있기 때문에 행정은 설혹 위법하다 하더라도 곧 취소로 귀결되지는 않는다. 법원은 국민의 권리구제에 필요한 범위를 넘어 행정의 일에 대해 관여하지 않는다는 의미이기도 하다. 그러나 법치주의가 숙성되면서 근래 법원은 '처분' 및 '법률상 이익' 개념을 넓게 인정하여 행정통제를 통한 개인의 권리구제 기회를 확대하는 추세를 보여주고 있다.

취소소송과 무효확인소송이 공권력의 행사에 대한 것이라면, 공권력의 불행사에 대한 항고소송도 있다. 가령 초원 위에 그림 같은 집을 지으려고 건축허가를 신청했는데 관할 군수가 가타부타 응답을 오랫동안 하지 않고 있다면 신청인은 군수의 부작위가 위법하다는 것을 확인해 달라는 소송을 제기할 수 있다.

행정처분에 불복하는 사람은 항고소송을 제기하기 전에 **행정심판**을 먼저 거칠 수도 있다(위 그림 ②). 행정심판은 행정의 자기시정을 목적으로 기획된 제도이지만, 당사자에게도 나쁘지만은 않은 선택지다. 법원의 소송은 양 당사자 사이에서 공정성을 담보하기 위해 오랜 역사 속에 엄격하고 정교한 절차로 발전한 나머지 너무 복잡해져 오히려 당사자의 권리 실현에 장애로 작용하는 면도 있지만('송사로 집안 망한다'), 그런 제약을 덜 받는 행정심판은 약식의 절차로 진행되어 시간과 비용 면에서 당사자에게 아주 경제적인 절차이다. 행정심판을 거칠지는 당사자의 선택에 맡겨진 것이 원칙이지만, 개별법에서 예외 규정을 둘 수 있다. 예컨대 운전면허가 취소 · 정지된 경우에 이를 다투고자 한다면 행정소송을 제기하기 전에 반드시 행정심판부터 거쳐야 한다. 행정심판은 국민권익위원회에 두는 중앙행정심판위원회와 각 시 · 도지사 소속으로 두는 행정심판위원회 등에서 관할한다. 이들은 각각 개별적으로 운영되고 서로 심급관계에 있지 않다. 예컨대 구청장의 처분에 대하여 광역시 행정심판위원회에 청구한 행정심판이 기각되었을 때 더 다투고 싶다면 중앙행정심판위원회로 가는 것이 아니라 법원에 행정소송을 제기하여야 하는 것이다.

3) 헌법소원

해방 후 수십 년에 걸친 법원의 행정소송 운영은 법치의 불모지였던 행정에 법치의 틀을 세우는 데 선도적 역할을 한 것으로 평가할 수 있다. 그러나 민주화의 성과로 제6공화국이 수립된 시점에서, 그때까지의 공법학 발전이나 국민의 권리 각성 수준에는 오히려 뒤처지는 면모도 없지 않았다. 법원의 전통적인 사무는 개인 간의 권리 분쟁을 판단하는 민사소송 또는 형벌의 공권력을 행사하는 형사소송인데, 주로 이런 소송을 하다가 잠깐 행정소송을 맡을 때에는 공권력에 맞서 개인의 권리 수호자 역할로 변신한다고 생각해보면, 이미 어느 정도 한계를 예상해봄직하다(이제 법원이 행정법원 설치 등으로 행정사건 전문 법관의 양성 노력을 하고 있는 것도 그러한 인식 위에 선 것이다).

그리하여 현행 헌법은 헌법소원 제도를 도입하여 헌법재판소에 그 심판권한을 부여함으로써(제111조) 법원의 기본권보호 기능을 보완하였다. 그 구체적인 내용은 법률에 유보했는데, 헌법재판소법 제68조 제1항은 '공권력의 행사 또는 불행사로 인하여 헌법상 보장된 기본권을 침해받은 자'는 헌법소원심판을 청구할 수 있다고 규정한다. 행정소송과 비교할 때 보호대상을 '헌법상 보장된 기본권'으로 한정한 듯 보이지만 제10장에서 보았듯이 헌법 제10조(인간의 존엄과 가치, 행복추구권), 제37조 제1항(헌법에 열거되지 아니한 자유와 권리의 존중)까지 감안하면 행정소송의 보호대상인 '권리 또는 이익'과 큰 차이는 없다 하겠다. 모든 공권력을 헌법소원의 대상으로 하고 있지만, '법원의 재판'은 제외된다. 독일 모델과 달리 헌법재판소를 제4심, 즉 대법원의 상급심으로 하지 않도록 설계한 것인데, 헌법재판소는 자신의 위헌법률심판권을 행사하여 이 규정마저 제한적으로 받아들이고 있어 대법원과 갈등의 불씨를 남겨두고 있다.

헌법소원은 최후의 **보충적 구제절차**로 기획된 제도라는 점이 큰 제약으로 작용한다. '다른 법률에 구제절차가 있는 경우에는 그 절차를 모두 거친 후에 청구'할 수 있는 것이다. 그 절차가 법원의 소송이라면 그 절차를 모두 거친 후라도 결국 헌법소원을 청구할 수 없는 셈이 된다. (법원의 재판은 제외되므로)이에 헌법재판소는 보충성 원칙에 예외를 인정하여, 그 절차로 권리가 구제될 가능성이 거의 없거나 권리구제절차의 허용 여부가 불확실한 경우 등에는 헌법소원을 허용함으로써 헌법소원의 활용도를 높이려는 노력을 해왔다. 가령 행정소송의 대상이 되는 행정처분은 보충성 원칙에 따라 헌법소원을 청구할 수 없지만, 종래 법원의 판례가 처분성을 부인하여 행정소송을 받아주지 않던 권력적 사실행위 유형에 대해 헌법소원을 통해서 권리구제의 기회를 열어준 사례들이 있다(위 그림 ③). 예컨대 교도관이 구속된 피의자의 팔과 상반신을 포승으로 묶고 양손에 수갑을 채운 상태에서 검사조사실에서 피의자조사를 받게 한 행위는 행정소송의 대상으로 인정되기 어려워 헌법소원심판 외에 달리 효과적인 구제방법이 없다고 보아, 헌법소원심판을 통하여 그 행위가 위헌임을 확인한 것이다(헌재 2005. 5. 26. 2001헌마728). 현재 헌법소원심판의 다수를 차지하는 것은 검사의 기소유예처분이다. 그것은 피의사실을 인정하는 내용이지만 불기소결정이기 때문에 처분 받은 당사자로서는 달리 다툴 방법이 없기 때문이다.

4. 위헌법률심판

법률이 헌법에 위배되는가 여부를 심판하여 그 법률이 헌법에 위반된다고 판단되면 그 효력을 상실케 하는 제도이다. 그렇지만 내가 어떤 법률에 불만이 있다고 하여 곧바로 위헌법률심판을 청구할 수 있는 것은 아니다. 법률의 위헌 여부가 재판의 전제가 된 경우에 법원이 헌법재판소에 제청하여야 위헌법률심판이 개시된다(헌법 제107조 제1항). '**재판의 전제**'란 어떤 법률조항이 위헌이라면 그 재판의 내용이 달라지는 경우를 말한다. 여기서 '재판'은 형사소송이나 행정소송은 물론 민사소송 등 그 종류를 가리지 않는다. 헌법재판소가 법률의 위헌결정을 하려면 재판관 (9인 중) 6인 이상의 찬성이 있어야 한다(헌법 제113조 제1항). 위헌으로 결정된 법률조항은 그 효력을 상실한다. 최근의 예를 들어보면, 간통행위자를 상대로 형사재판을 하던 법원이 간통죄 처벌규정인 형법 제241조에 대하여 위헌법률심판제청을 하고 헌법재판소가 2015. 2. 26. 위헌결정을 함으로써 형법 제241조는 효력을 상실하고, 해당 형사소송에서 피고인들은 무죄판결을 받게 된 것이다.

위헌법률심판제도는 제헌헌법 이래 계속 존재해왔으나, 본격적으로 활성화된 것은 현행 헌법체제가 출범하고 나서다. 물론 민주화의 급진전을 비롯한 정치사회적 여건 변화가 바탕을 이룬 것이지만, 제도적으로는 헌법소원의 도입이 큰 역할을 하였다. 과거 위헌법률심판을 보기 힘들었던 것은 우선 **법원의 제청**이 극히 드물었기 때문이다. 그런데 1988년 헌법재판소법은 법원이 제청신청을 기각한 경우 당사자가 직접 헌법재판소에 헌법소원을 청구할 수 있는 길을 열어 놓았다(제68조 제2항). 뿐만 아니라, 헌법재판소는 법률이 별도의 구체적 집행행위를 기다리지 않고 직접 기본권을 침해하는 경우에는 앞서 본 제68조 제1항의 헌법소원을 청구하는 것도 인정하였다. 이렇게 실질적인 위헌법률심사가 이루어질 수 있는 경로가 대폭 확장된 것이다. 우리가 1989년 이후로 법률의 위헌결정 소식을 심심치 않게 접하고 있는 것도 이러한 제도적 변화와 헌법재판소의 적극적 의지를 배경으로 한 것이라 하겠다.

| 토론주제 |

1. 민사소송의 4가지 이상 중에서 어떤 것이 우선되어야 하는가? 그리고 그 이유는 무엇인지에 관하여 토론해 보자.

2. 다음의 사건을 형사소송의 이념과 관련하여 생각해 보라. 검사는 살인혐의로 구속된 피의자 갑이 혐의사실을 부인한다는 이유로 그 가족 및 변호인과의 접견을 금지한 채, 또한 변호인의 접견요청을 거부하고 신문을 계속하면서 자백을 권유한 끝에 갑으로부터 자백을 받아냈다. 이 피의자심문조서를 갑의 살인의 유죄를 입증하는 증거로 사용할 수 있는가?

3. 고시용 서적을 구입하기 위해 상경한 대학생 갑은 서울역 앞에서 한총련 출범식을 봉쇄하기 위하여 검문 중인 전경들에게 불심검문을 받게 되었다. 전경들의 요구에 따라 갑은 자신의 주민등록증을 제시하였는데, 전경들은 주민등록증을 돌려주지 않은 채 버스에 태워 연행하였고 18시간 후에 무혐의로 석방하였다. 이러한 전경의 행위를 '임의동행'이라고 볼 수 있는가?

4. 행정소송과 행정심판제도의 차이는 무엇인지 살펴보자.

5. 외국의 최고재판기관들과 우리나라의 헌법재판소, 대법원에 대하여 조사하고 각 구성방식과 기능, 위상 등을 비교해 보자.

6. 우리 헌법에 군인 등의 국가배상청구권을 제한하는 규정이 들어

간 경위를 조사하고 위헌법률심사권의 의미를 생각해보자.

「참고문헌」

민사소송법, 형사소송법, 헌법소송법, 행정소송법 교재

제15장
법치주의와 법의 준수

법의 세계에서 가장 중요한 것은 법을 지키는 것이다. 법학이 아무리 발전하고 법이론이 아무리 훌륭하더라도 그것이 현실에서 지켜지지 않는다면 그 학문과 이론은 쓸 데가 없다. 법의 세계에는 집행하고 적용하는 자 즉 집행자와 그 법의 집행 · 적용을 당하는 자 즉 피적용자(수범자)의 두 당사자가 있다. 법의 집행자는 국가 또는 지방자치단체 같은 기관이 되고, 수범자는 국민이 되는 것이 보통이다.

법의 집행자이든 수범자이든 모두 법에 따라 법을 집행하고 적용받도록 되어 있다. 이 중에서 수범자인 국민이 법을 지켜야 하는 것은 '국민의 의무' (법준수의무)라고 하고, 법의 집행자인 국가기관이 법을 지켜야 한다는 것은 '법치주의'라고 하여 국가원리로 보고 있다. 법치주의 원리와 법준수의 의무에 관하여 살펴보기로 한다.

1. 법치주의

1) 법치주의의 의의

법치주의라 함은 모든 국가적 활동이나 국가적 생활은 국민의 대표기관인 국회에서 제정한 법률에 근거를 두고 법률에 따라 이루어져야 한다는 원리를 말한다. 이 원리는 오늘날 민주주의 국가의 가장 기본적인 원리 중의 하나로 일컬어진다. 법을 집행하고 국민의 법준수를 감독하는 국가기관들이 먼저 법을 지켜야 한다는 원리가 곧 법치주의인것이다. 이 원리는 과거 군주나 독재자들이 자의적으로 국가를 통치하였던 데에 반하여 성립된 것이다.

2) 법치주의의 역사

오늘날 법치주의라고 알려진 원리는 서로 다른 경로를 통하여 성립된 두 개의 원리가 합성된 것이다. 하나는 영국에서 성립된 법의 지배 (Rule of Law)의 원리이고 또 하나는 독일에서 성립된 법치국가 (Rechtsstaat) 원리이다.

영국에서는 중세 이래 군주의 전단적인 지배를 억제하기 위하여, 군주의 권력도 법관들의 판결을 통하여 발전되어온 커먼로 (Com- mon Law)에 따라야 한다는 원리를 성립시켰다. 이 원리는 우여곡절을 겪었지만 명예혁명기에 국왕도 의회가 제정한 법률을 준수하여야 한다는 내용까지 보완하여 영국의 법원리로 정착되어 오늘날에 이르게 되었다. 이 원리는 개인의 자유와 권리를 보다 효율적으로 보장하기 위하여 군주의 권력인 행정권력이 법의 지배를 받아야 한다는 것이었다. 이와 같이 군주의 권력을 법에 종속시키기 위하여 발생한 법의 지배 원리는 영국에서 민주주의가 정착된 이후 군주는 상징적인 통치자로 되어 직접 행정권력을 행사하지 아니하게 되자 행정권력을 행사하는 집행부의 행위가 법에 종속되어야 한다는 원리로 변화되어 오늘에 이르게 되었다.

법치국가 원리는 민주화가 영국이나 프랑스에 비해 늦었던 독일에서 성립되었다. 근대적 시민혁명이 일어나지 않았던 독일에서는 국민에 의한 민주적인 헌법국가가 탄생하지 않은 대신 위로부터 헌법을 제정하여 국민의 권리를 보장하는 조치를 취하였다. 그리하여 독일은 종래의 경찰국가나 관료국가 또는 관방국가에 대립하는 개념으로 국민의 대표기관인 의회가 제정한 입법이 행정에 대하여 우위에 있다는 원칙을 정립하였던 것이다. 그러나 독일의 법치국가 원리는 의회가 제정한 입법에 행정이 종속되어야 한다는 것만을 강조하였을 뿐 입법의 내용이 어떠한가에 관하여는 문제를 삼지 않았다.

3) 실질적 법치주의

독일의 법치국가 원리와 같이 법의 내용은 문제삼지 않은 채 행정이 법에 따를 것만을 의미하는 법치주의 원리를 '형식적 법치주의'라고 부른다. 이러한 형식적 법치주의 아래에서는 이른바 악법도 법으로서의 효력을 가지고 있어서 민주주의에 합당한 법이 아니더라도 문제가 되지 않았다. 이같은 법치주의 아래에서는 히틀러의 나찌즘이 나타나더라도 이를 저지할 방법이 없었다. 그리하여 2차 세계대전이 끝난 후 형식적 법치주의의 한계를 직시한 독일에서는 행정이 법에 따를 뿐만 아니라 법의 내용도 정당하여야 한다는 법치주의 사상이 나타나 형식적 법치주의를 대치하게 되었다. 이러한 법치주의를 '실질적 법치주의'라고 한다. 영미에서 생성된 법의 지배의 원리는 성립 당시부터 실질적 법치주의의 내용을 가지고 있었다. 그리하여 오늘날에는 영미식의 법의 지배의 원리나 독일식의 법치국가 원리나 모두 실질적 법치주의를 가리키게 되었다.

실질적 법치주의가 성립하기 위하여는 법 내용의 정당성을 판별할 수 있는 방법이 구비되어야 한다. 정당하지 않은 법, 즉 악법을 가려내어 이를 제거할 수 있는 수단이 있어야 한다는 말이다. 실질적 법치주의를 채택하고 있는 나라들은 이러한 제도를 마련하고 있는데 그것이 바로 위헌법률심판제도이다. 법의 내용의 정당성 여부는 국민이 제정한 국가 최고의 법인 헌법에 비추어 보아 헌법의 내용과 합치되지 않을 때는 위헌적인 법률로 선언하고 위헌으로 선언된 법률의 효력을 부인하거나 적용하지 못하도록 함으로써 헌법질서를 유지 수호하고, 국민의 자유와 권리를 보호하려는 것이 위헌법률심판제도인 것이다.

우리나라에서도 건국 이후 서구의 법치사상을 받아들여 법치주의를 헌법의 기본원리 중의 하나로 채택하여 지키고 있다. 우리나라에서 사용하는 '법치주의'라는 용어는 일본사람들이 서양법이론을 받아들여 번역한 용어인데 우리나라도 식민지시대 이래 이 번역어를 받아들여 지금까지 사용하고 있다. 학자에 따라서는 법치주의라는 용어 대신 영미식의 법의 지배 원리, 독일식의 법치국가 원리 등을 사용하기도 한다. 이는 법치주의의 역사에서 보았듯이 서로 다르게 성립된 두 원리가 일본 식민지 시대 이래 구별 없이 우리나라에 들어왔기 때문에 나타난 현상이며 그 원리의 종주국이 아닌 우리나라에서는 대체로 같은 뜻으로 이해되고 있으므로 어느 용어를 사용하든지 상관이 없는 것이다.

2. 법준수의 의무

1) 국민의 의무

국가에 소속되어 있는 모든 국민은 자기가 소속되어 있는 국가에 대하여 일정한 의무를 진다. 우리 헌법은 국민의 의무로서 교육의 의무(제31조), 근로의 의무(제32조), 환경보전의 의무(제35조), 납세의 의무(제38조), 국방의 의무(제39조) 등 5대 의무를 규정하고 있다. 이러한 국민의 의무를 헌법에 명시한 것은 국가의 주인인 국민이 국가의 존립과 유지에 필요한 병력과 재정을 스스로 책임을 진다는 의미와 국가권력이 주인인 국민의 자유와 재산을 함부로 침해하지 못하도록 헌법에 정하여 놓는다는 의미를 동시에 가지고 있는 것이다. 나아가 교육, 근로, 환경보전의 의무까지 규정하고 있는 것은 문화복지국가를 추구하는 현대국가에서 모든 국민이 인간답게 살 수 있도록 하기 위한 전제조건으로서 이를 의무화하고 있는 것이다.

이처럼 헌법에 국민의 의무가 규정되어 있지만 헌법에 규정되어 있지 않은 국민의 의무도 있다. 너무나 당연하기 때문에 헌법이나 법률에 굳이 명시할 필요조차 없는 내용이 있다고 보는 것이다. 그런 의무가 바로 법준수의 의무이다.

2) 법준수의 의무

민주국가에서 국민이 지키자고 만든 법규범을 지키지 않는다면 그 국가가 어떻게 될 것인가는 불을 보듯이 분명해진다. 사회 있는 곳에 법이 있다는 명제에서 보듯이 법은 우리 사회의 유지를 위한 최소한의 필요조건이다. 그러므로 우리 국민이 한 국가 안에서 살고자 한다면 그 국가의 정당한 명령, 즉 법을 지키는 것은 최소한의 '의무' 이전에 '도리'라고 하여야 할 것이다.

그러면 '법을 지킨다'는 말은 구체적으로 무슨 뜻인가 알아보기로 하자.

러시아 태생의 법학자 비노그라도프(Paul Vinogradoff, 1854~1925)는 법의 준수란 물리적 강제뿐 아니라 이성에 의한 승인, 본능적 준수, 습관, 조직적 반항의 부존재 등에 의하는 것이라고 하면서, 사회적 권력에 의하여 과하여진 규범을 승인한다는 정신적 습관이라고 설명하고 있다. 국가가 법을 강제로 지키게 하기 때문에 법을 지키는 것이 아니라 우리의 이성이 법은 지켜야 하는 어떤 것이라고 인식하고 자율적으로 법을 지키게 되는 것이 법의 준수라는 것이다. 법을 존중한다는 말도 바로 이러한 정신적 태도를 가리키는 것이다. 독재국가 같은 곳에서 법을 지키고 싶지 않지만 법을 지키지 않았을 때 올 강제력이 두려워서 법을 억지로 지킨다면 그것은 법을 존중하여 지키는 것이 아니라는 말이다.

3) 악법도 지켜야 하나

여기서 악법의 문제가 제기될 수 있다. 어느 특정한 법의 내용을 도저히 받아들일 수 없는 경우에도 그 법을 지켜야만 하는가 하는 문제이다. 악법도 법이기 때문에 지켜야 하는 것인가, 악법은 법이 아니기 때문에 지키지 않아도 되는 것인가.

많은 법학자와 철학자들이 이 문제에 대하여 이론을 제시하였는데 나치스 치하의 압제를 경험한 독일의 법철학자 라드브루흐는 다음과 같은 말을 남겼다.

> "실정법이 감당할 수 없을 정도로 정의와 모순되는 경우에는 부당한 법(unrichtiges Recht)으로서 정의에 양보해야 한다..."
> "그러므로 보통 실정법의 효력이 그 법적 안정성으로 말미암아 정당화되는 경우에도 어떤 예외적인, 극히 부정의한 법률의 경우에는 그 부정의 때문에 그러한 법률의 효력을 박탈할 가능성이 남아 있다."

라드브루흐는 그러한 악법의 예로 히틀러 집권기간(1933~1945) 동안의 나치 법률을 들었다. 우리나라 학자 중에서 악법의 징표로 ① 인간의 존엄성을 부정하는 법, ② 자유와 생명을 부정하는 법, ③ 평등의 원칙을 부정하는 법, ④ 소급효를 인정하는 법, ⑤ 권력의 분립을 부정하는 법 등을 들고 있는 분이 있는데1) 나치의 법률들은 바로 그러한 악법의 전형에 해당하였다.

---

1) 권영성,『헌법학원론』, 법문사, 2007, 80쪽, 각주 1번. 악법의 징표에 대해서 보다 세밀한 정리를 한 사람은 풀러(Lon Fuller, 1902~1978)였다. 그는『법의 도덕성』(1964)이라는 저서에서 이른 바 '악법'의 조건으로 다음과 같은 8가지 경우를 들었다: ①일반적이지 않은 법 ②공포를 하지 않아 수범자)가 그 내용을 알 수 없는 법 ③소급적 입법 ④그 규율내용을 이해할 수 없는 법 ⑤규율내용이 상호모순되는 법 ⑥수범자의 능력으로는 할 수 없는 행위를 명하는 법 ⑦너무 자주 변경되는 법 ⑧공포된 내용과 현실적인 집행 사이에 불일치가 있는 법. 론 L. 풀러, 강구진 역,『법의 도덕성』, 법문사, 1971, 49~57쪽, 특히 55쪽.

이러한 악법에 대하여는 저항권(抵抗權) 이론, 시민불복종 이론 등이 있어 어느 정도 해결의 길을 열어 놓고 있다. 저항권이란 국가권력의 위헌적인 압제나 폭력이 자행되고 있으나 다른 방법으로는 그를 바로잡을 방법이 없을 때 마지막으로 주권자인 국민이 직접 위헌적인 국가권력에 저항할 수 있는 권리를 말한다. 우리나라에서 1960년의 4·19혁명, 1980년 광주민주화 운동, 1987년의 시민항쟁 등이 저항권의 예라고 할 수 있을 것이다.

시민불복종civil disobedience이란 영미법계 국가에서 비롯된 이론으로 국가권력 전체에 대한 저항이 아니라 개인의 양심에 비추어 정당하지 못하다고 판단되는 개별적 법이나 정책에 대하여 비폭력적 방법으로 저항하는 행위를 말한다. 인도의 간디(Mahatma Gandhi, 1869~1948)가 행하였던 영국에 대한 비폭력 저항운동, 미국의 킹 목사(Martin Luther King Jr., 1929~1968)의 흑인민권운동 등이 예가 될 것이다. 우리나라에서는 2000년 국회의원 선거과정에서 시민단체들이 정치적 비판의 한 방법으로 선거법 위반운동, 이른바 낙천·낙선운동을 전개하였는데 법원에 의하여 그 정당성을 인정받지 못한 바 있다. 우리나라에서는 저항권 이론이 학계에서 널리 인정받고 있는 반면 시민불복종 이론은 아직 정착되지 아니하였다.

그러나 이같은 이론이 인정된다 하더라도 실제로 허용되는 경우는 극히 예외적일 뿐이다. 일반적으로는 기존의 법제도상 인정되는 항의절차를 이용하여야 한다는 것이다. 각종 이의제기절차, 법원에 소송을 제기하거나 헌법재판소에 위헌법률심판이나 헌법소원제도를 이용하여야 한다. 개인이 자신에게 적용된 특정 법규의 내용이 옳지 못하다고 생각하거나 부당하게 자신의 권리를 침해당

했다고 생각하면 이 법규에 대한 위헌법률심판이나 헌법소원을 헌법재판소에 제기하거나 위헌명령규칙심사를 법원에 제기하여 심판을 받아야 한다. 위헌법률심판·위헌명령규칙처분심사제도와 헌법소원제도에 대하여는 이미 설명한 바 있으므로 참고하기를 바란다.

현대의 민주주의국가에서는 모든 사람들이 국가의 법을 지키는 것을 당연히 전제로 하고 있고, 국가의 법도 잘못된 경우가 있을 수 있다는 것을 전제로 하고 있다. 따라서 잘못된 법을 국민에게 강요할 수도 있을 수 있으므로 국민이 잘못된 법(헌법에 위반되는 법)에 대하여 이를 바로 잡을 수 있는 제도도 마련하여 두고 있다. 그리고 행여 이렇게 마련하여 둔 제도가 어떠한 이유로 말미암아 정상적으로 작동하지 않게 됨으로써 국민들이 피해를 입게 되는 경우에는 마지막 수단으로 저항권이나 시민불복종 이론을 적용하도록 하고 있다.

그러므로 일반시민들은 국가의 법을 일단 정당한 것으로 인정하고 이를 자발적으로 준수함으로써 국가의 구성원으로서의 책임과 의무를 다하여야 한다. 이를 위하여 우리가 추구하고자 하는 이념인 정의롭고 질서 있고 평화로운 복지사회를 건설하는데 함께 참여하고자 하는 주체적 의식과 태도가 필요한 것이다.

| 토론주제 |

1. 법치주의 원리의 중요성과 내용에 대하여 토론하여 보자.

2. 민주사회에서 법을 지키는 것의 필요성과 중요성에 대하여 토론하여 보자.

3. 저항권 이론과 시민불복종 이론의 내용과 차이점에 대하여 생각하여 보자.

「참고문헌」

비노그라도프 저, 서돈각 역, 법학개론, 육법사
안경환 외, 법.정치와 현실, 나남출판

법학교양 도서목록

김도현, “법을 보는 법사회학적 관점,” 민주법학 제13호 1997.
김유미 외, 법학방법론 연구, 울산대출판부 2005
라드브루흐(최종고 역), 법철학, 삼영사 1975.
라드브루흐(최종고 역), 법학의 정신, 종로서적 1981.
라드브루흐(손지열 · 황우려 역), 법에 있어서의 인간, 육법사 1981.
라드브루흐 · 츠바이게르트(정희철 · 전원배 역), 법학원론, 박영사 1971.
라인홀트 치펠리우스(김형배 역), 법학방법론, 삼영사 1981.
라인홀트 치펠리우스(김형배 역), 법학입문, 삼영사 1993.
라인홀트 치펠리우스(이재룡 역), 법의 본질, 길안사 1999.
라인홀트 치펠리우스(양화식 역), 법과 사회, 길안사 1998.
러셀 W. 겔로웨이(안경환 역), 법은 누구 편인가, 고시계 1985.
레오폴드 포스피실(이문웅 역), 법인류학, 민음사 1992.
로날드 드워킨(장영민 역), 법의 제국, 아카넷, 2004.
로베르토 웅거(김정오 역), 근대사회에서의 법, 삼영사 1994.
로스코 파운드(고병국 역), 법률사관, 법문사 1986.
로저 윔머 · 조셉 도미니크(정동호 · 신영호 역), 법과 사회변동, 나남 1986.
론 L. 풀러(강구진 역), 법의 도덕성, 법문사 1971.
마이클 센델(이창신 역), 정의란 무엇인가, 김영사, 2010.
마이클 왈쩌(정원섭 외 역), 정의와 다원적 평등, 철학과 현실사 1999
말리노프스키(한완상 역), 미개사회의 성과 억압 · 문화의 과학적 이론, 삼성출판사 1990.
모린 케인 · 알란 헌트(민주주의 법학연구회 역), 맑스와 엥겔스는 법을 어떻게 보았는가, 터 1991.
민주주의 법학연구회, 한국사회의 법과 민주주의, 관악사 1994.
박원순, 내 목은 매우 짧으니 조심해서 자르게, 한겨레 신문사 1999.
박은정, 자연법사상, 민음사 1987.
박홍규, 법은 무죄인가, 개마고원 1997.
배경내, 인권은 교문 앞에서 멈춘다, 우리교육 2000.

W.E. 버틀러(박홍규 역), 자본주의법과 사회주의법, 일월서각 1988.
베르너 마이호퍼(심재우 역), 법치국가와 인간의 존엄, 삼영사 1994.
비노그라도프(서돈각 역), 법학개론, 육법사 1981.
심헌섭, 법철학 Ⅰ, 법문사 1986.
我妻 榮(조재석 역), 민법안내 - 사법의 길잡이, 육법사 1991.
안경환, 법과 문학 사이, 까치 1995.
안경환 외, 법.정치와 현실, 나남출판 2005.
양건, 법사회학, 아카넷 2002.
예링(심재우 역), 권리를 위한 투쟁, 박영사.
G. 옐리네크/E. 부뜨미(김효전 역), 인권선언논쟁, 법문사 1991.
오현철, 시민불복종 - 저항과 자유의 길, 책세상 2001.
윌리암 더글라스, 반대의 자유, 대학출판사 1988.
이계수, "헌법의 개념," 민주법학 제12호 1996.
이순용 · 정경식 · 한원도 · 오세경, 법언, 법전출판사 1986.
이정훈, 조선시대 법과 법사상 : 포용적 법실증주의자의 분석, 선인, 2011.
이태재, 법철학사와 자연법론, 법문사 1987.
이호정, 법학개론, 한국방송통신대학출판부 1983.
인권운동사랑방 인권교육실, 인권교육 길잡이, 사람생각 1999.
장경학, 법과 문학, 교육과학사 1995.
조국 편역, 실천법학입문, 학민사 1991.
죤 C.H. 우(서돈각 역), 정의의 원천, 박영사 1987.
죤 롤즈(황경식 옮김), 사회정의론, 서광사 1990.
최대권, 법과 사회, 서울대학교출판부 1992.
최종고, 법과 생활(케이스식 법학통론), 박영사 1995.
최종고, 법학통론, 박영사 1999.
카렌 레바크(이유선 역), 정의에 관한 6가지 이론, 크레파스 2001.
카임 페를만(심헌섭 · 강경선 · 장영민 역), 법과 정의의 철학, 종로서적 1986.
칼 라렌츠(양창수 역), 정당한 법의 원리, 박영사 1986.
프랑크 잘리거(윤재왕 역), 라드브루흐 공식과 법치국가, 길안사 2000.
프레드 로델(박홍규 역), 저주 받으리라 법률가여!, 물레 1986.
하승수 · 김진, 교사의 권리 학생의 인권, 사계절 1999.
한국법연구회 편, 한국법학문헌집, 교육과학사 1992.
한국법철학회 편, 법치국가와 시민불복종, 법문사 2001.

한상수, 왜 함무라비 법전을 만들었을까?, 자음과 모음, 2010.
한스 켈젠(심헌섭 편역), 켈젠 법이론선집, 법문사 1990.
한인섭 · 이철우 편, 법 국가 저발전, 이성과 현실사 1986.
허버트 하트(오병선 역), 법의 개념, 아카넷 2001.
헤르만 칸토로비츠(윤철홍 역), 법학을 위한 투쟁, 책세상 2006.
휴 콜린즈(홍준형 역), 마르크스주의와 법, 한울 1986.
René David & John E.C. Brierley, Major Legal Systems in the World Today, Stevens Sons 1985.
天野和夫 外 編, 法學の基礎(基礎法律學大系 1), 青林書院新社
山田幸男 外 編, 法律學の基礎知識, 有斐閣
外尾健一, 「勞動法入門」, 有斐閣